Sandra Taube
Maiks Abenteuerbuch
Was will uns der Autor sagen?

Sandra Taube

Maiks Abenteuerbuch

„Was will uns der Autor sagen?"

Ratgeber

Bibliografische Information der Deutschen Nationalbibliothek: Die
Deutsche Nationalbibliothek verzeichnet diese Publikation in der Deutschen Nationalbibliografie; detaillierte bibliografische Daten sind im Internet über http://dnb.dnb.de abrufbar.

Verlag: BoD · Books on Demand GmbH, Überseering 33,
22297 Hamburg, bod@bod.de

Druck: Libri Plureos GmbH, Friedensallee 273, 22763 Hamburg

ISBN: 978-3-8192-6704-8

Inhaltsverzeichnis

I

Maiks Abenteuerbuch

„Was will uns der Autor sagen?"

Vorwort

Dieses Buch wurde grammatikalisch und stilistisch überarbeitet.

Dabei wurde darauf geachtet, dass Maiks Worte nur so weit verändert wurden, dass sie gut lesbar und verständlich sind.

»Was will uns der Autor damit sagen?«
Maik ist 14 Jahre alt und besucht die siebte Klasse einer Sekundarschule.

Er ist ein ruhiger, kreativer und sensibler Junge mit einem feinen Gespür für Details. Maik liebt es, Geschichten zu schreiben, gestaltet mit Hingabe Fotobücher und verbringt gerne Zeit in der Welt von Minecraft.

Stundenlang kann er sich in seine Projekte vertiefen, tüfteln, gestalten und mit großer Ausdauer an einer Idee festhalten – bis sie für ihn genau richtig ist.

Seine Familie spielt für ihn dabei eine zentrale Rolle: Rückhalt, Geborgenheit und die Sicherheit, er selbst sein zu dürfen, sind sehr wichtig für ihn. Dass dies für Maik nicht selbstverständlich ist, macht seine Geschichte umso bemerkenswerter.

Er hat es nicht immer leicht gehabt, seine Familiengeschichte ist – wie das Leben selbst – nicht geradlinig verlaufen. Heute wächst Maik bei uns (seiner Dauerpflegefamilie) auf. Wir versuchen immer ihn mit viel Liebe und Verständnis zu begleitet. All das prägt meiner Meinung nach nicht nur seinen Alltag, sondern auch seine Sicht auf die Welt – und somit seine Art zu erzählen.

Wer Maik näher kennt, weiß: In ihm steckt ein großes Maß an Ernsthaftigkeit, Genauigkeit und Ausdruckswillen. Worte bedeuten ihm viel – auch wenn er sie manchmal auf eine Weise verwendet, die man nicht sofort einordnen kann. Genau darin liegt seine Stärke: Er denkt und schreibt nicht wie alle anderen, sondern folgt seinem eigenen Rhythmus, seiner eigenen Logik, seinen eigenen Gefühlen.

Maiks Sprachverwendung spiegelt eine besondere Art des Spracherwerbs wider, die bei vielen Menschen im Autismus-Spektrum vorkommt: das sogenannte gestaltbasierte Sprachlernen. Dabei wird Sprache nicht in einzelnen Wörtern, sondern in vollständigen Phrasen oder sogenannten »Skripts« gelernt – häufig aus Filmen, Hörspielen oder Gesprächen übernommen.

Diese Ausdrücke sind nicht nur auswendig gelernt, sondern werden gezielt und oft sehr passend in bestimmten Situationen eingesetzt. Dieses Phänomen, das auch als Echolalie bekannt ist, ist im Autismus-Spektrum weit verbreitet. Früher wurde es als bloße Wiederholung ohne Sinn betrachtet – heute weiß man, dass es eine wichtige Brücke zur Kommunikation sein kann.

Besonders bei gestaltbasiert lernenden Menschen stellt Echolalie häufig einen Entwicklungsschritt zu individuelleren, flexibleren sprachlichen Ausdrucksformen dar.

Auch wenn Maiks eigene Sprachproduktion mit Herausforderungen verbunden ist, zeigt seine Art zu sprechen dennoch eine tiefe Auseinandersetzung mit der Sprache und ihrer Bedeutung.

Dies ist auch, unter anderem, mit ein Grund, dass seine Texte nicht immer leicht zugänglich sind.

Auch Zeitangaben, Perspektiven und Gefühle – können für Außenstehende manchmal verwirrend oder widersprüchlich wirken.

Doch diese Besonderheiten sind kein Mangel, sondern Ausdruck seiner autistischen Wahrnehmung: einer anderen, oft sehr klaren, manchmal sprunghaften, aber immer ehrlichen Form, die Welt zu beschreiben.

Dass Maik ein ganzes Buch geschrieben hat, ist eine bemerkenswerte Leistung. Umso mehr, wenn man bedenkt, dass ihm in seiner frühen Kindheit von Fachleuten vorausgesagt wurde, er werde vermutlich nie lesen oder schreiben lernen.

Seine Diagnose als frühkindlicher Autist führte damals zu einer sehr zurückhaltenden Einschätzung seiner Entwicklungsmöglichkeiten.

Doch Maik hat seinen eigenen Weg gefunden – und diesen Weg mit bemerkenswerter Beharrlichkeit verfolgt.

Täglich überrascht er uns und wir sind unglaublich stolz auf ihn.

Natürlich waren Förderung, Geduld und Unterstützung wichtige Begleiter auf diesem Weg. Aber all das wäre nicht genug gewesen, hätte Maik nicht selbst den inneren Antrieb entwickelt, sich der Welt mitzuteilen.

Denn Lernen funktioniert nicht gegen den Willen eines Kindes – man kann nur Räume schaffen, in denen Interesse und Freude wachsen dürfen. Maik hat diese Räume genutzt. Und das, was er heute kann, ist vor allem sein eigener Verdienst.

Um das Geschriebene besser nachvollziehen zu können, enthält dieses Buch eine begleitende Einordnung.

Ich gehe der Frage nach: Was will uns der Autor damit sagen? Warum wählt Maik bestimmte Themen? Warum formuliert er auf diese Weise? Und was lässt sich daraus über ihn – und vielleicht auch über uns selbst – lernen?

Auch hoffe ich, dass es anderen Eltern Mut macht oder einen neuen Blickwinkel eröffnet.

Maik und die 5a bei der Ökostation

Vorwort 1

Hallo Leute.

Herzlich willkommen zum ersten Teil meiner Geschichte.

In diesem Kapitel war ich mit der 5a bei der Ökostation und am zweiten Tag machten meine Klasse, Annika (meine Schulbegleiterin) und ich einen Ausflug zum Lichtkunstmuseum.

Holt den Brotteig oder das Feuerzeug raus, denn es geht heiß los.

Euer Maik

A.K.A Maiki.

Figuren: Maik, Mama, Herr K, Frau G, Annika, Lucas, Ben, Luis S.

Es war ein schöner Montag 2022, als ich in die 5. Klasse kam.

»Okay, Maik. Sollen wir zur Ökologiestation fahren? Die anderen warten schon, aber lass uns auf dem Weg was für die Klassenfahrt einkaufen«, sagte die Mama, fuhr los und hielt aber noch bei Rewe an und kaufte ein bisschen zum Essen und zum Trinken ein.

»Hallo, Herr K. Entschuldigen Sie bitte die Verspätung. Ich musste noch Proviant für meinen Sohn einkaufen«, entschuldigte sich Mama.

Herr K sagte: »Ich verzeihe ihnen.«

Ich ging zu meinen Klassenkameraden.

»Sind alle vollzählig?!«, fragten Herr K und Frau G.

»Eins, zwei, drei, vier, fünf, sechs, sieben, acht, neun, zehn, elf, zwölf, dreizehn, vierzehn, fünfzehn, sechszehn, siebzehn, achtzehn, neunzehn, zwanzig, einundzwanzig, zweiundzwanzig und dreiundzwanzig!«, zählten Herr K und Frau G. Alle waren vollzählig und gingen zum Holzdach beim Gästehaus.

»Okay, Kinder! Seid jetzt mal ein bisschen ruhig bitte!!«, sagten Herr K und Frau G und meine Klassenkameraden und ich wurden ganz ruhig.

»Hier sind die Regeln und die Sachen, die wir auf der Klassenfahrt machen: Wir treffen uns immer zum Frühstück in der Cafeteria. Um 22 Uhr ist Ruhezeit, das heißt, keiner rennt auf dem Flur nachts. Heute Abend um 17 Uhr treffen wir uns draußen, um Feuerholz zu sammeln und um Stockbrot zu machen. Morgen fahren wir zum Lichtkunstmuseum, um uns die Lichtkunst anzugucken, und fahren danach zurück zur Ökostation. Wir machen eine Party mit Stopptanz und Limbo. Okay, erst mal macht ihr eine Rally um die Ökostation. Ihr guckt und beschreibt die Sachen auf euer Klemmbrett, die ihr sieht und am Nachmittag gebt ihr die Blätter ab«, sagten und erklärten Herr K und Frau G.

»Dann treffen wir uns später am Nachmittag um 14 Uhr, Kinder!«, sagten Herr K und Frau G.

Die Klassenkameradinnen und ich erkundigten die gesamte Ökostation. Nach ein paar Minuten war es 14 Uhr und wir trafen uns am Holzdach beim Hof.

»Bevor wir den Brotteig machen und Feuerholz fürs Feuer sammeln, lasst uns vorher ein Klassenfoto machen«, sagten Herr K und Frau G und wir machten ein Foto mit uns allen.

»Wer hilft mir, den Brotteig vorzubereiten?«, fragte die Frau von der Ökostation und ein paar halfen mit dem Brotteig.

»Kinder, wer hilft Herr K und mir, Feuerholz zu sammeln?«, fragte Frau G und andere Kinder halfen ihr beim Feuerholz sammeln.

»Wartet. Erst mal lernt ihr, wie ihr das Feuer anzündet«, sagte die Frau und wir versammelten uns vor der Feuerstelle. »Bestimmt kennt ihr es, dass Feuer entsteht, wenn Sonnenstrahlen durch Dinge aus Glas, wie Brillengläser, Glasflaschen, Lupen und so weiter gebündelt werden und sich dann entzünden.«

Sagen wir mal, wenn Paul seine Brille von der Sonne in die Feuerstelle, also ins Feuerholz halten würde, dann würde es gebündelt werden und es entsteht ein Feuer.

»Aber erst mal lernt ihr anzünden mit Feuersteinen. Wenn man sie über eine Feuerstelle aneinanderschlägt, dann springen Funken. Durch ein bisschen pusten und ein paar Funken entsteht ein Feuer«, unterrichtete die Frau und gab pro Kind zwei Feuersteine.

Nach ein paar Minuten war es so weit, dass sich alle einen Stock nahmen, von dem die Bakterien abgetötet werden mussten.

»Okay sind alle Bakterien von den Stöcken abgetötet, dass alle sich Stockbrot machen können, ohne durch die Bakterien, Viren, Keime und Parasiten krank zu werden?«, fragte Frau G und wir begannen mit dem Grillen, bis Annika mir sagte: »Äh, ich muss leider in meinem eigenen Bett zu Hause schlafen, weil kein Zimmer für mich frei ist!«

Sofort fuhr Annika mit ihrem Auto, dem roten Opel Corsa nach Hause, um die Nacht dort zu schlafen.

»Okay, Lucas, Ben und Luis. Wollen wir jetzt schlafen gehen?«, fragte ich Ben, Lucas und Luis. »Ich bin schon hundemüde.«

»Gute Nacht«, riefen wir alle zu den Lehrern.

Es war am nächsten Morgen 8 Uhr und alle rissen aus dem Schlaf.

»Aufstehen, es gibt Frühstück«, riefen alle Mädels und die anderen Jungs auf dem Flur.

»Guten Morgen, Herr K. Guten Morgen, Frau G!«, begrüßte ich Herr K und Frau G. »Yeah! Heute fahren wir zum Lichtkunstmuseum«, sagte ich mit jubelndem Anblick.

»Oh, guten Morgen alle«, sagte Annika, die um 9 Uhr mit ihrem Auto zur Ökologiestation losgefahren war.

»Bevor wir mit dem Ausflug loslegen, könnt ihr noch Tischtennis oder Fußball auf dem Hof spielen, aber weder Sachen zerstören noch jemanden verletzen, sonst bekommt der Verursacher oder die Verursacherin eine Strafe, Okay? Geht also respektvoll mit den anderen Kindern um«, sagte Frau G mit einem Rat an allen.

Nach ein paar Minuten war es 14 Uhr und Herr K und Frau G riefen uns zum Parkplatz: »Kinder, kommt bitte alle zum Parkplatz.«

»Okay, Kinder! In 10 Minuten kommt der Bus, der uns zum Lichtkunstmuseum fährt. Deswegen riefen wir euch hierhin wegen des Busses«, sagten Herr K und Frau G zu uns.

Nach 15 Minuten erschien der Bus in der Ferne.

»Alle nacheinander in den Bus einsteigen und jeder sucht sich einen Sitzplatz aus. Es gibt keine Streitereien. Essen und Trinken ist im Bus nicht erlaubt. Es wird während der Fahrt nicht am Handy gespielt oder Videos angeguckt und niemand schreibt anderen über WhatsApp«, meinten Frau G und Herr K und wir gingen nacheinander in den Bus.

Nach 30 Minuten und 16 Kilometern erreichten wir das Museum. Wir stiegen aus und versammelten uns vor der Bushaltestelle.

»Okay Kinder. Bevor wir reingehen ins Museum, könnt ihr noch irgendwo, was zu Trinken einkaufen. In 10 Minuten treffen wir uns später vor dem Eingang!«

Wir gingen in einen kleinen Shop und kauften ein paar Getränke.

»Lasst uns alle eine Erkundungstour durch das Lichtkunstmuseum machen«, sagte die Frau vom Lichtkunstmuseum und wir gingen rein und guckten uns die ganzen Lichtausstellungen an.

Nach 6 Stunden kamen wir aus dem Museum raus, aber bevor wir zur Bushaltestelle gingen, gönnten wir uns vorher noch ein Eis.

Nach etwa 5 Minuten gingen wir zur Bushaltestelle und versammelten uns da.

Nach 10 Minuten kam ein Bus an unserer Haltestelle an und wir stiegen alle nacheinander in den Bus ein.

Auf einmal erschien vor dem Bus auf der Straße eine Baustellenabsperrung, wo der Busfahrer eine Umleitung nehmen musste.

Nach 24 Minuten und 23 Kilometern waren wir an der Ökologiestation.

»Okay Kinder. Macht euch fertig, zieht euch an und geht duschen für die Party heute Abend!«, sagten Herr K und Frau G.

Wir gingen auf unsere Zimmer.

»Ich gehe, würde ich sagen, als erster duschen«, sagte ich zu Lucas, Ben und Luis und ging als erster mit Handtuch und Duschgel unter die Dusche. Nach 15 Minuten kam ich mit frisch gewaschenem Haar aus der Dusche.

Als Nächster ging Lucas unter die Dusche, ebenfalls mit Duschgel und Handtuch. Nach weiteren 10 Minuten kam Lucas dann ebenfalls mit frisch gewaschenem Haar aus der Dusche raus.

Als Vorletzter ging Luis unter die Dusche, auch mit Duschgel und Handtuch. Nach weiteren 10

Minuten kam Luis auch mit frisch gewaschenem Haar aus der Dusche raus.

Als Letzter ging Ben unter die Dusche. Nach weiteren 10 Minuten kam Ben auch mit frisch gewaschenem Haar aus der Dusche raus.

»Okay, dann lasst uns nach unten gehen und abdancen, Leute!«, sagten Luis, Ben, Lucas und ich voller Freude und gingen ins Wohnzimmer, wo alles frisch dekoriert aussah.

»Wow! Was für ne coole Party!«, jubelten Lucas, Luis, Ben und ich voller guter Stimmung.

»Oh ha, jetzt kommt Limbo!«, sagte ich mit jubelndem Anblick. Beim Limbo muss man sich unter die Stange bücken, ohne die Stange zu berühren.

»Okay, ich bin dran! Oh, oh pass auf deine Nase auf!«, sagte ich mit jubelndem Gesicht.

»Jetzt spielen wir Stopptanz!«, rief Herr K und es wurde Musik abgespielt.

Bei diesem Stopptanz muss man sich auf einen freien Stuhl setzen, wenn die Musik stoppt. Wenn einer sich bewegt, ist er oder sie raus.

»Stopp!«, rief Herr K und alle standen still. Als alle sich nicht bewegten, spielte Herr Kruse die Musik weiter.

»Okay, stopp!«, rief Herr Kruse, als die Musik stoppte und sich ein paar auf einem freien Stuhl hinsetzten.

»Schade. Alles besetzt. Ich bin dann wohl raus«, sagte ich enttäuscht und ich ging aus der Arena raus.

Nach 15 Minuten kam ein anderes Spiel an der Reihe. »Oh je, dieses Spiel ist nichts für mich. Das ist mir viel zu viel«, sagte ich mit traurigem Blick, als ich das Spiel von Herrn K hörte, was viel zu viel Druck für mich war.

»Warte, Maik! Was ist denn los?«, fragte sich die Annika und lief hinter mir her. »Was hast du denn, Maik? Warum weinst du denn?«

Ich antwortete der Annika traurig: »Das ist wegen des Spiels von Herrn K!«

»Wegen des Spiels, was für dich unschön ist, oder?«, fragte Annika mit Mitleid zu mir.

»Ja, weil ich das hörte, wollte ich nicht mitspielen und fing an zu weinen«, antwortete ich.

»Okay willst du nicht mitmachen und direkt schlafen gehen? Und soll ich auch Herrn K fragen?«, fragte Annika mich.

Ich antwortete dann: »Ja, denn dieses Spiel wird mir zu viel.«

»Okay, ich werde Herr K fragen, ob er damit einverstanden ist!«, sagte Annika und fragte Herrn K: »Herr K, darf Maik ins Bett gehen und nicht daran teilnehmen? Weil dieses Spiel, was sie vorschlagen, ist zu viel für ihn.«

»Hmm, ja klar, kann er. Ich habe ein bisschen Mitleid mit Maik, dass das für ihn zu viel wurde. Ein Freund und ich setzten auch mal bei einer Party aus, weil uns das zu viel war«, antwortete Herr K.

Annika schickte mich auf das Zimmer nach oben: »Dann gute Nacht. Wenn du was brauchst, dann kannst du nach unten kommen oder mich rufen.«

Nach 15 Minuten schlief ich ein und nach 2 Stunden kamen auch Ben, Lucas und Luis nach oben ins Zimmer – völlig müde und erschöpft.

Am nächsten Morgen gingen Ben, Lucas, Luis und ich um 8 Uhr nach unten, wo schon die Klassenlehrer warteten.

»Guten Morgen, Herr K und Frau G«, sagte ich mit guter Laune.

Es war 9 Uhr und Annika grüßte uns: »Guten Morgen, alle.«

»Okay, Kinder. Heute ist der Tag, wo unsere Klassenfahrt vorbei ist und eure Eltern euch abholen werden«, sagten Herr K und Frau G.

Nach 2 Stunden kamen auf den Hof viele Erwachsene an, die die Eltern der Kinder waren.

»Hallo Mama. Schön dich nach 2 Tagen wiederzusehen!«, begrüßte ich Mama mit einem Grinsen.

Nach einem Gespräch gingen Mama und ich zum Auto und fuhren nach Hause.

Ach, was das für eine schöne Klassenfahrt der 5a war!, sagte ich in meinen Gedanken. War das eine schöne Klassenfahrt bei der Ökologiestation mit der 5a. Trotz, dass ich bei der Party ausgesetzt habe, wegen des schrecklichen Spiels von Herrn Kruse.

»Wenn der Ausflug zur Ökostation zur militärischen Logistik wird.«

Maik nimmt uns mit zu einem scheinbar ganz normalen Klassenausflug.

Doch wer denkt, das wäre eine lässige Erzählung über Stockbrot und Spieleabend, hat sich geirrt. Denn Maik denkt an alles: Wer wann was sagt, wie viele Kilometer der Bus fährt, wann genau jemand duscht (und wie lange!), wie viele Kinder mitfahren (genau 23, gezählt) und wie lange es dauert, bis ein Museum durchquert ist.

Seine Welt ist kein emotionaler Nebel, sondern ein präzises Uhrwerk – mit strukturierter Dramaturgie, vollständigen Dialogprotokollen und einer gehörigen Portion Sachwissen (Feuerstein-Funkensprung, anyone?)

Das ist kein Zufall. Maik ist Autist. Und das bedeutet: Seine Wahrnehmung ist nicht weniger, sondern anders. Wo andere Menschen mit »ungefähr« zufrieden sind, braucht Maik exakte Koordinaten. Wo andere sagen »es war schön«, sagt er »es war 14 Uhr, alle waren vollzählig, wir gingen unter das

Holzdach.« Wo andere am Lagerfeuer die Stimmung beschreiben, denkt Maik über Viren, Keime und Parasiten nach.

Und dann – der emotionale Plot Twist: Ein Spiel überfordert ihn. Kein großes Drama, keine langen Worte. Nur: »Das ist mir zu viel.«

Das ist Autismus. Direkt, ehrlich, ohne Schminke. Und so authentisch, dass man ihn am liebsten in den Arm nehmen möchte.

Dieses Kapitel zeigt, wie intensiv autistische Kinder wahrnehmen, wie viel ihnen Struktur bedeutet – und wie wichtig es ist, ihre Rückzugsbedürfnisse ernst zu nehmen. Maik setzt ein Zeichen für all die Kinder, die nicht »wie die anderen« sind – und genau deshalb etwas Besonderes zu erzählen haben.

Noch eine kleine Sache am Rande. Es war Maiks erste Klassenfahrt, eine enorme Herausforderung für ihn, die er aber mit Bravour meisterte. Jeden Abend war ich da und gab ihm seine Medikamente. Ich war sein Netz, sein doppelter Boden. Aber warum komme ich in der Geschichte nicht vor? Ganz einfach: Ich bin der Hintergrund. Die Garderobe hinter der Bühne. Der W-Lan Router im Haus –

keiner sieht ihn, aber wehe er fällt aus. Für Maik bin ich Alltag, Verlässlichkeit, System. Ich spiele keine Rolle – weil ich längst zur Grundausstattung gehöre.

Fachlicher Blick

<u>Detailreichtum bei Zeitangaben und Distanzen:</u> Maik schreibt z. B. »Nach 30 Minuten und 16 Kilometern erreichten wir das Museum« oder »Nach 24 Minuten und 23 Kilometern waren wir an der Ökostation.«

Neurotypische Kinder erwähnen solche Zahlen meist nicht oder nur sehr vage (»nach einer Weile«, »es war nicht weit«).

Dialoge sind wörtlich, formal und vollständig: »Entschuldigen Sie bitte die Verspätung.« – »Ich verzeihe Ihnen.«

Autistische Menschen neigen dazu, Sprache sehr wörtlich und regelkonform zu verwenden – auch in geschriebener Form.

Wiederholungen und strukturierte Aufzählungen: Die Regeln werden sehr genau aufgelistet, mehrfach genannt (»Keiner rennt auf dem Flur nachts«, »um 17 Uhr...«, »um 14 Uhr...«). Das Bedürfnis nach Struktur und Klarheit spiegelt sich stark wider.

Technische und sachliche Exkurse: Die Feuerstein-Erklärung inklusive Brillenglas-Prinzip oder die Keimbelastung beim Grillstock (»...dass alle sich Stockbrot machen können, ohne krank zu werden...«).
Hier zeigt sich eine typische, oft stark ausgeprägte Sachfokussierung autistischer Menschen. Gern werden Informationen eingebettet, die eigentlich nicht erzählerisch notwendig wären, aber für sie selbst hochrelevant sind.

Emotionale Einbrüche sind plötzlich und direkt beschrieben: »Ich weinte«, »das ist zu viel für mich«, »ich ging ins Bett«. Ohne lange Einleitung oder Interpretation. Dies spricht für eine direkte, ungefilterte Selbstwahrnehmung und -äußerung, wie sie im Autismus-Spektrum oft vorkommt.

Auffällig viele Namensnennungen und exakte Nacherzählung: Jede beteiligte Person wird genannt, oft mehrfach. Abläufe und Reihenfolgen werden minutiös geschildert. Dies hat mit dem Bedürfnis nach Kontrolle, Übersicht und Wiedererkennbarkeit zu tun.

Warum ist das so?
Kinder mit frühkindlichem Autismus verarbeiten Erlebnisse häufig nicht primär emotional oder intuitiv, sondern kognitiv, über klare Kategorien, Fakten und bekannte Routinen. Maik versucht durch seine Sprache:
→ Verstehen herzustellen, indem er Abläufe exakt dokumentiert,
→ Sicherheit zu schaffen, indem er Zeit, Regeln und Reihenfolge festhält,
→ Reizverarbeitung zu strukturieren, indem er komplexe Erlebnisse wie ein Ablaufprotokoll aufschreibt.

→ Emotionen erscheinen eher als reaktive Zustände, nicht als fließend beschriebene Stimmungen.

Das ist kein Defizit – sondern eine andere Art Welt und Innenleben.

Fazit

Maiks Art zu erzählen ist kein »Zuviel«, kein »Anderssein«, dass man glätten müsste – sie ist ein Fenster in eine kognitive Welt, die durch Klarheit, Struktur und Wahrnehmungstiefe besticht.

Autistische Kinder wie Maik nehmen Details auf, die andere übersehen, und verarbeiten Situationen über das Konkrete – nicht das Abstrakte.

Was für neurotypische Leser*innen vielleicht wie eine sprunghafte oder übergenaue Erzählung wirkt, ist in Wahrheit Ausdruck eines inneren Ordnungsprinzips, das Halt gibt. Und wenn diese Ordnung ins Wanken gerät – etwa durch ein überforderndes Spiel – braucht es kein pädagogisches Drama, sondern Verständnis, klare Angebote und Erlaubnis zum Rückzug.

Tipps für Eltern

1. <u>Struktur als Schutzraum verstehen – nicht als Einschränkung:</u> Viele autistische Kinder brauchen klare Abläufe, vorhersehbare Regeln und exakte Informationen – nicht aus Kontrollbedürfnis, sondern um sich im oft überwältigenden sozialen und sensorischen Chaos zurechtzufinden.

2. <u>Bereite dein Kind vor:</u> Vor Ausflügen oder neuen Aktivitäten helfen strukturierte Pläne, Fotos, Ablaufschemata oder kleine Geschichten, die erklären, was kommt.

3. <u>Nimm Rückzug ernst:</u> Wenn dein Kind signalisiert, dass etwas »zu viel« ist, nimm das nicht persönlich – sondern als wichtigen Schutzmechanismus.

4. <u>Benenne Emotionen gemeinsam:</u> Da Gefühle oft schwer zu greifen sind, hilft es, wenn du sie gemeinsam beobachtest und benennst (»Du bist jetzt ganz ruhig – war das gerade anstrengend?«)

5. Lass die Fakten gelten: Kinder wie Maik verarbeiten die Welt über das Kognitive. Wenn er sagt: »Wir sind 16 Kilometer gefahren«, dann ist das seine Art, das Erlebte zu verankern. Lass es zu – auch wenn du selbst lieber nach »Stimmung« fragst. Denn eines ist sicher: Ein Kind, das sich sicher fühlt, kann auch wachsen.

Und ein Kind, das seine Geschichte erzählen darf – auf seine Weise – wird uns alle lehren, die Welt mit neuen Augen zu sehen.

Und immer daran denken: „Nicht beleidigt sein, wenn du in der Geschichte deines Kindes nur Statist bist – Hauptsache der Film läuft gut."

Maik und die 6a mit dem Bus-Song beim Radio

Vorwort 2

Hey Leute,
herzlich willkommen zur Geschichte.
Heute sind meine Klasse 6a und ich auf Klassenfahrt
zum Radio und lernen, wie es im Radio so ist.

Holt den Radiosender raus, denn es geht ins Radio.
Euer Maik
A.K.A Maiki.

Figuren: Stella, Maik, Herr K, Frau G

Es war einmal ein schöner Tag in der Schule.
»Okay, alle bitte aufstellen. Unser Bus kommt
gleich«, riefen die zwei Klassenlehrer Herr K und
Frau G.
Nach 10 Minuten kam ein paar Meter entfernt ein
Bus. Das war der Bus zum Radio.

»Bitte alle nacheinander in den Bus einsteigen«, sagten Herr K und Frau G und wir stiegen alle nacheinander in den Bus ein. Nach 5 Minuten startete der Busfahrer den Motor und der Bus fuhr los.

Nach 25 Minuten und 27 Kilometern kam ein Kreisverkehr, wo der Bus eine Wendung machte und neben dem großen Haus der VKU anhielt.

Beim Aussteigen zog eine Frau ein blaues Kostüm mit einem Bushaltestellen-Schild und dem Schriftzug *VKU* an.

»Okay, alle aufstellen. Frau G und ich wollen ein Foto von euch machen«, sagten Herr K und Frau G. Wir stellten uns nebeneinander für ein Foto auf. Nach ein paar Schnappschüssen hieß es für mich, Stella (meine neue Schulbegleiterin), Herr K, Frau G und die 6a, weiterzufahren zum Radio.

Nach ein paar Kilometer erreichten wir ein Gebäude, was das Radio war.

»Alle bitte als Gruppe bitte aufstellen«, riefen Herr K und Frau G.

Nach ein paar Stunden gingen ein erwachsener Mann, Herr K, ein paar Kinder und ich ein Stock tiefer, um etwas über das Radio zu erfahren.

»Welche Sender laufen täglich im Radio? Also zum Beispiel im Auto oder bei euch zu Hause?«, fragte der Mann bei Herrn K, die Kindern und mich.

»1 Live, WDR 2, WDR 4, WDR Bayern usw«, antwortete ein Kind bei uns.

Nach ein paar beantworteten Fragen gingen der Mann, Herr K, die Kinder und ich nach oben in einen Raum mit Tasten und Mikrofonen.

»Hier sind wir an den Geräten und machen alle Durchsagen, zum Beispiel zum Wetter, Staus, Unfällen, Baustellen und viele weitere Durchsagen. Und wir spielen auch Songs und Lieder ab«, erklärte der Mann an der Maschine.

»Okay, wir sind hier, weil ihr euren Bus-Song *wir fahren mit dem Bus,* im Radio vorsingen wollt. Wer will als Erster im Radio etwas durchsagen?«, fragte der Mann und Henrik meldete sich dafür.

Nach ein paar Stunden war die Klassenfahrt beendet und wir bekamen eine Geschenktüte mit einigen Sachen: Kronkorken aus Gummi, Kugelschreiber Sichtschutz, Reporterblöcke, Pfefferminzbonbons in Form von Herzen und vieles mehr.

»Wow, wir bekamen ein paar Sachen und sangen unseren Bus-Song«, sagte ich voller Begeisterung.

Während der gesamten Busfahrt schrieb ich mit meinem Kugelschreiber auf mein Reporterblock die Sachen auf, die wir auf der Klassenfahrt erlebten.

»Heeey Maik. Was schreibst du da auf deinen Block, mein Freund? Unsere Klassenfahrt, oder was?«, fragte Herr K mit einem lachenden Grinsen.

Ich antwortete dann: »Ja, für meine Eltern.«

Nach 27 Minuten und 29 Kilometern erreichten wir die Schule. Der Bus wendete am Kreisverkehr und dann stiegen alle aus.

Ach ja, was das für eine schöne Klassenfahrt war!, sagte ich in meinen Gedanken und ging zum Parkplatz, wo Papa schon im Volvo XC60 wartete.

Wir fuhren nach Hause, wo ich mit meinen Gedanken an einem anderen Ende bin.

»Busfahrt ins Abenteuerland – mit Maik als Live-Reporter«

Wenn eine Klasse ins Radio fährt, klingt das für viele nach Lärm, Chaos und Kinderlachen.

Nicht für Maik.

Für ihn ist das eine präzise dokumentierte Operation mit Streckenangabe, Einsteigeprotokoll und funktionalem Technik-Exkurs.

Während andere sich auf die Aufregung konzentrieren, ob sie sich im Radio gut anhören, interessiert Maik vor allem, welche Sender es gibt, wie man Wetterberichte durchgibt und welche Knöpfe am Mikrofon sind.

Emotionaler Rausch? Fehlanzeige. Dafür eine begeisterte Analyse des Radiobetriebs.

Maik ist kein lauter Erzähler. Aber ein genauer. Und wer ihm zuhört, begreift schnell: Er erlebt tief – nur eben anders. Und dass er sich alles auf seinem Reporterblock notiert, ist kein Zufall. Für ihn ist das keine Klassenfahrt – es ist ein persönlicher Feldforschungsauftrag mit wissenschaftlicher Akribie.

Am Ende fragt Herr K: »Heeey Maik, was schreibst du da auf?« Und Maik antwortet: »Für meine Eltern.«

Was nach einem simplen Satz klingt, ist in Wahrheit berührend: Maik möchte mitteilen, was er erlebt – auch wenn es ihm schwerer fällt, das in klassischen Gefühlen auszudrücken. Er schreibt nicht nur auf, was war – er zeigt damit auch, was ihm wichtig ist. Und das ist wunderschön.

Fachlicher Blick

Exakte Zeit- und Entfernungsangaben: Wieder erfahren wir nicht nur, wann etwas passiert, sondern auch wie weit entfernt (»Nach 25 Minuten und 27 Kilometern...«) das gibt Maik Orientierung und Kontrolle in einer Welt, die für ihn schnell zu viel werden kann.

Hohe Detailgenauigkeit bei Abläufen: Maik beschreibt minutiös, wie die Kinder in den Bus steigen, wer wann was sagt, wie viele Minuten eine

Fahrt dauert, wer was trägt – selbst das Kostüm der Frau mit Bushaltestellenschild fehlt nicht.

Autistische Kinder nehmen Reize ungefiltert auf – sie erfassen oft mehr Details als andere, auch scheinbar »unwichtige«.

Soziale Interaktion sachlich und beobachtend: Obwohl Maik mit seiner Klasse unterwegs ist, bleibt sein Fokus bei Abläufen, Geräten, Räumen, Gegenständen – nicht bei zwischenmenschlichen Emotionen oder Beziehungsdynamiken. Das ist typisch: Soziale Erlebnisse werden neutraler oder über Handlungen beschrieben, selten als emotionale Prozesse.

Besonderes Interesse an Technik und Funktionalität: Maik schildert mit großer Begeisterung, wie die Radiosender funktionieren, welche Geräte da sind und wie Durchsagen gemacht werden.

Solche »Special Interests« (Spezialinteressen) sind häufig bei Autisten und oft mit großer Detailtiefe verbunden.

<u>Sachlich beschriebene eigene Handlung:</u> »Ich schrieb alles auf«, statt emotional zu beschreiben, wie er sich fühlte, dokumentiert Maik. Für ihn ist das eine Art *Verarbeiten durch Festhalten*.

Schreiben = Verstehen. Dies kann bei einigen Kindern ein Selbstregulationsmechanismus sein.

Warum ist das so?

Autistische Wahrnehmung funktioniert häufig wie ein hochauflösendes Mikroskop: Alles wird sehr genau wahrgenommen – ohne automatisch zu filtern, was wichtig oder nebensächlich ist. Das kann gleichzeitig faszinierend und anstrengend sein.

Durch das Notieren, Strukturieren und Beschreiben schafft Maik sich eine Form von Kontrolle über die Fülle der Informationen und Eindrücke.

Soziale Details oder Gefühle sind für ihn oft schwerer einzuordnen – daher konzentriert er sich auf das, was eindeutig ist: Daten, Fakten, Abläufe, Beobachtbares.

Fazit

Dieses Kapitel zeigt erneut: Autistische Kinder erleben ihre Umwelt in besonderer Tiefe. Sie nehmen häufig Details wahr, die andere übersehen, und ordnen die Welt über Strukturen und Systeme, nicht über Emotionen oder Gruppendynamik.

Dabei ist das Schreiben für Maik nicht nur Ausdruck, sondern auch Verarbeitung. Es ist seine innere Lärmschutzwand gegen äußeren Trubel. Wenn andere lachen, tanzen oder wild durch den Raum wuseln, schreibt Maik.

Er schafft sich damit einen ruhigen Raum in sich selbst – einen sicheren Platz, an dem er Reize sortieren, Eindrücke verarbeiten und die Kontrolle zurückgewinnen kann. Schreiben ist für ihn kein Schulfach, sondern eine Form von Selbstfürsorge.

Tipps für Eltern

1. Schreiben als Selbstregulation erkennen – nicht als Rückzug werten: Wenn ein Kind wie Maik inmitten von Aktion oder Lärm zu Block und Stift greift, dann flüchtet es nicht – es beruhigt sich.
Schreiben kann auch eine Form von Selbstregulation sein. Maik strukturiert das Chaos, ordnen das Außen und kommen im Innen an.

2. Erkenne so etwas als Schutzraum: Wenn dein Kind nach aufregenden Momenten schreibt, zeichnet, malt oder Listen macht – lass es. Das ist kein *sich Entziehen*, sondern ein Weg zur inneren Ruhe. Biete bewusst solche Zeiten an – z. B. nach Ausflügen, Schulstress oder sozialen Events.
»Magst du vielleicht aufschreiben, was du erlebt hast? Du musst es nicht erzählen, aber du kannst es notieren oder malen.«

3. Lies mit Respekt – wenn dein Kind möchte: Zeige echtes Interesse, ohne zu korrigieren oder zu bewerten. Verstehe schriftliche Ausdrucksform als gleichwertig zur gesprochenen Sprache.

Für viele autistische Menschen ist Schreibe, malen, zeichnen - nicht Plan B – sondern Plan A. Denn wer schreibt, spricht auf seine Weise. Und manchmal sind die stillen Stimmen die klarsten.

Fachlicher Hintergrund

<u>Selbstregulation im Autismus-Spektrum:</u> Selbstregulation bezeichnet die Fähigkeit, eigene Emotionen, Gedanken und Verhaltensweisen zu steuern und anzupassen. Bei autistischen Kindern kann diese Fähigkeit beeinträchtigt sein, was zu Herausforderungen im Umgang mit Stress und Reizüberflutung führt. Daher entwickeln sie individuelle Strategien zur Selbstberuhigung, um mit ihrer Umwelt besser zurechtzukommen.

Bei Maik ist eine Strategie das Schreiben. Er hat aber noch viele mehr. Nicht vergessen: **Jedes Kind entwickelt unterschiedliche und ganz eigene Strategien.**

<u>Vielfalt der Selbstregulationsstrategien:</u> Hier sind einige Beispiele für Selbstregulationsstrategien, die autistische Kinder nutzen können:

Stimming: Wiederholende Bewegungen wie Händeflattern, Schaukeln oder Summen helfen, sensorische Reize zu verarbeiten und Stress abzubauen.

Spezialinteressen: Intensives Beschäftigen mit einem bestimmten Thema bietet Sicherheit und Struktur.

Visuelle Hilfsmittel: Nutzung von Bildern oder Symbolen zur Kommunikation oder Strukturierung des Alltags.

Rückzugsorte: Einrichtung von ruhigen, reizarmen Bereichen, in die sich das Kind bei Überforderung zurückziehen kann.

Musik oder Geräusche: Hören von beruhigender Musik oder bestimmten Geräuschen zur Entspannung.

Körperliche Aktivitäten: Bewegung wie Springen auf einem Trampolin oder das Drücken eines Stressballs zur Spannungsregulation.

Diese Strategien sind individuell und können sich im Laufe der Zeit verändern. Wichtig ist, dass sie dem Kind helfen, sich sicher und wohlzufühlen.

Es ist essenziell, die individuellen Selbstregulationsstrategien jedes Kindes zu erkennen und zu fördern. Achten Sie auf die Signale Ihres Kindes und versuchen Sie, zu verstehen, welche Strategien ihm helfen. Auch wenn eine Strategie ungewöhnlich erscheint, kann sie für das Kind sehr hilfreich sein.

Arbeite zusammen mit deinem Kind daran, neue Wege zur Selbstregulation zu finden und auszuprobieren. Baue die unterstützenden Strategien einfach in den täglichen Ablauf ein, um dem Kind Sicherheit zu geben.

Bei Bedarf können **Therapeuten** oder **Fachkräfte** helfen, geeignete Strategien zu identifizieren und umzusetzen. Scheut euch niemals um Hilfe zu bitten.

Indem du die individuellen Bedürfnisse und Strategien deines Kindes ernst nimmst und unterstützt, förderst du seine Selbstständigkeit und sein Wohlbefinden. Es gibt aber auch herausfordernde

Selbstregulation. Auch diesen Punkt möchte ich am Beispiel des selbst Beißens kurz ansprechen.

Dieses Verhalten kann entstehen, wenn ein Kind starke innere Anspannung, Frust oder Überforderung nicht anders ausdrücken kann. Es wirkt regulierend, birgt aber ganz klar Verletzungsgefahr. Hier wäre es angebracht, dieses Verhalten umzuleiten.

Eine Möglichkeit wäre ein Erzatzverhalten anzubieten wie zum Beispiel eine Kaukette, Knautschball, Beißring oder Stofftiere mit weicher Füllung. Dies erfordert Geduld und Ausdauer.

Keine Sorge, wenn nicht immer alles sofort gelingt. Wir sind schließlich auch nur Menschen und keine Roboter.

Maik und die 6a beim Planetarium

Vorwort 3

Herzlich willkommen, zu der dritten Geschichte meines Buches.

Hier ist die nächste Klassenfahrt der 6A. Dieses Mal beim Planetarium in Bochum, wo wir uns die Galaxie und das All ansehen.

Holt die Rakete oder den Astronautenhelm raus, denn es geht galaktisch ins Weltall los.

Euer Maik

A.K.A Maiki.

Figuren: Herr K, Frau G, Maik, Stella, Mama, Papa

Es war ein schöner Donnerstagmorgen bei der Sekundarschule als Stella, Herr K, Frau G, die Kinder und ich nach draußen zur Bushaltestelle gingen.

»In ein paar Minuten kommt unser Bus und wir fahren dann zum Planetarium in Bochum«, sagten Herr K und Frau G.

Nach 10 Minuten tauchte in der Ferne ein Bus auf, der am Kreisverkehr wendete und der uns zum Planetarium fährt. Als alle im Bus sind, fuhr der Bus los.

Nach 44 Minuten und 61 Kilometern erreichten wir das Planetarium in Bochum.

»Alle aufstellen. Wir gehen gleich ins Planetarium und holen für uns Tickets«, rief der Herr K und wir gingen zusammen ins Planetarium rein. »Holt euch was am Automaten, aber bitte keine Cola. Wenn ihr Geldscheine gegen Münzen eintauschen müsst, könnt ihr es bei ihm hier machen«, sagte Herr K.

Wir holten uns ein paar Süßigkeiten und was zu trinken an den Automaten.

»Oh, da kannst du reinschlüpfen und dann kannst du aussehen, wie ein richtiger Astronaut, Maik«, sagte Stella zu mir.

Ich schlüpfte in den Astronautenanzug und Stella machte ein Foto von mir.

»Es ist so weit. Wir müssen los, um die Show zu Planeten anzugucken«, sagte Stella, als sie auf die Uhr auf ihrem Handy guckte.

Wir gingen zu einem Raum, wo vor der Tür Vorhänge sind. Kaum sind wir drinnen, setzten wir uns in eine Sitzreihe. Nach 10 Minuten wurde es dunkel und auf der großen Leinwand erschien ein Film des Weltraums. Über die Galaxie, den Planeten Merkur, den Mars, die Erde, dem Mond, der Venus, dem Jupiter und dem Uranus. Zu Uranus gibt es auch einen chemischen Stoff, der *Uran* heißt und häufig für, zum Beispiel, Atombomben und anderen Sprengstoffe oder Atomwaffen verwendet wird.

Nach etwa 5 Stunden war der Film vorbei, alle standen auf und gingen zum Ausgang.

»Oh, guck mal, Stella. Da kann man so eine 5-Cent-Münze reinwerfen und sie zu einer Münze mit dem Planetarium drauf pressen«, sagte ich staunend.

Stella gab mir 5 Cent, ich warf sie rein und durch etwas Druck machte ich aus der 5-Cent-Münze eine Oval förmige Münze mit dem Planetarium drauf.

»Wow, die sieht cool aus, die packe ich mal in mein Portemonnaie für meine Sammlung«, sagte ich mit einem WOW und packte die coole Münze in mein Portemonnaie.

»Okay, ihr dürft euch noch was zu knabbern am Automaten holen, aber bitte keine Cola und seid pünktlich in 10 Minuten beim Bus wieder da, verstanden?«, sagten Herr K und Frau G.

Wir besorgten uns ein paar Snacks und Getränke an den Automaten. Dann gingen wir nach draußen zum Bus, wo schon Herr K, Frau G und die anderen Lehrerinnen und Lehrer einer anderen Klasse warteten.

»Alle vollzählig? Ja? Okay! Alle bitte nacheinander einsteigen.«

Alle sind im Bus und Busfahrer fuhr los. Nach 45 Minuten und 63 Kilometern erreichten wir wieder die Schule.

Alle stiegen vor Freude aus, einige Kinder wurden von den Eltern abgeholt, andere fahren mit dem Bus nach Hause oder mit dem Fahrrad.

»Hi, Papa! Puh! Klassenfahrt war echt gut! Wir guckten einen Film über die Planeten in der Galaxie. Mit dem Mars, mit Saturn, mit der Venus, mit dem Mond, mit der Erde, wo wir leben, mit Jupiter, mit Uranus und mit Merkur!«, sagte ich zum Papa, der im Auto wartete, um mich abzuholen.

Nach der Erzählung fuhren Papa und ich mit dem Auto nach Hause. Nach etwa 15 Minuten erreichten Papa und ich mit dem Auto unser Haus.

Ach ja, was das für eine schöne Klassenfahrt beim Planetarium in Bochum war!, sagte ich in meinen Gedanken.

»Wenn der Kopf ins All fliegt, braucht das Herz einen Anker.«

Maik im Planetarium – das klingt zunächst nach Sternenhimmel und Schulromantik. Doch wer sein Kapitel liest, merkt schnell: für ihn ist dieser Ausflug keine Wolke der Gefühle, sondern eine genaue Vermessung des Universums.

Er zählt nicht nur Kilometer, er verortet sich selbst in Raum und Zeit. Er beschreibt keine Gruppendynamik, sondern Planeten, chemische Stoffe, Souvenirautomaten und Snackautomatenregeln – und all das mit einer Begeisterung, die man nicht unterschätzen darf. Denn wo andere Kinder von »schön« oder »cool« reden, konstruiert Maik eine innere Karte des Erlebten.

Und dann, fast beiläufig, prägt er sich eine Münze – und mit ihr einen Moment. Kein Foto, keine Umarmung, sondern Metall. Greifbar. Klar. Verlässlich. Das ist Maiks Art, sich zu verankern. Seine emotionale Landkarte ist nicht bunt und verschwommen – sie ist geordnet, systematisch und voller Details.

Einige nennen das »auffällig«. Wir nennen das: Maiks Art, sich zu halten, wenn die Welt zu viel wird.

Fachlicher Blick

Exakte Zeit- und Distanzangaben: »Nach 44 Minuten und 61 Kilometern erreichten wir das Planetarium.«

→ erneut dokumentiert Maik mit nahezu kartografischer Präzision. Für ihn ist Orientierung nicht nur praktisch, sondern essenziell, um Sicherheit zu spüren.

Ausführliche Beschreibung des Planetariums und der Show: Er beschreibt minutiös, welche Planeten gezeigt wurden, ergänzt chemische Begriffe (»Uran – chemischer Stoff«) und stellt Bezüge zu realen Anwendungen (Atombomben) her.

→ das zeigt ein tiefes Interesse an Sachverhalten und eine ausgeprägte Informationsverarbeitung – ein typisches »Spezialinteresse«.

Gegenständliches Erzählen statt emotionaler Beschreibung: Die Aufregung oder Stimmung seiner

Mitschüler wird nicht erwähnt. Stattdessen fokussiert er sich auf Automaten, Astronautenanzüge und Souvenirmünzen.

→ auch das ist typisch: Konkrete Reize werden intensiver verarbeitet als diffuse soziale Eindrücke. Das Sammeln von Dingen (Münze): Die geprägte Souvenir-Münze wird mit großer Begeisterung aufgenommen und sicher ins Portemonnaie gelegt.

→ dies ist nicht bloß Sammelfreude, sondern Ausdruck eines inneren Ordnungssystems. Dinge werden Erinnerungsanker – materiell greifbar und beruhigend.

Rituale rund um Essen, Automaten und Zeitpläne: Immer wieder wird geschildert, wann genau was gegessen, gespielt, gesehen oder gekauft wurde.

→ Rituale schaffen Sicherheit – vor allem in einer reizintensiven, unübersichtlichen Welt wie einem Ausflugstag.

Warum ist das so?

In diesem Kapitel zeigt Maik mehrere typische Formen autistischer Selbstregulation, die über das reine Schreiben hinausgehen.

Wie im vorherigen Kapitel schon angedeutet verfügt Maik über mehrere Strategien. Zum Beispiel das Sammeln und Strukturieren (z. B. Münzen, Planetennamen) als Form der Selbstvergewisserung oder Spezialwissen abrufen (chemische Eigenschaften von Uran) als kognitive Selbstberuhigung. Auch exakte Ablaufschilderungen als mentaler »Geländergriff« zählen dazu.

All diese Strategien sind nicht zufällig entstanden. Sie dienen Maik dazu, sich in potenziell überfordernden sozialen Kontext – wie z.B. einer Klassenfahrt, einer ungewohnten Umgebung, oder im Kontakt mit viele Menschen – emotional zu stabilisieren.

Einige dieser Strategien kann Maik bewusst einsetzen, während andere eher automatisiert und unbewusst ablaufen.

Fazit

Dieses Kapitel zeigt sehr deutlich, wie autistische Kinder in unbekannten, potenziell überfordernden Situationen auf innere Ordnungssysteme zurückgreifen, um stabil zu bleiben.

Maik nutzt dazu:

1. Sachinteresse (Astronomie, Chemie),
2. Routinen (Souvenirautomat, Snackpause, klare Abfolgen),
3. Sammelstruktur (Münzen),
4. genaue Sprache, um sich sicher zu fühlen.

Das ist keine Marotte. Das ist Resilienz in Reinkultur – nur eben anders ausgedrückt als bei neurotypischen Kindern.

Tipps für Eltern

<u>Unterstütze individuelle Selbstregulationsstrategien – ohne sie zu pathologisieren:</u> Nicht jedes Kind schreibt. Nicht jedes Kind sammelt Münzen. Nicht jedes Kind zählt Kilometer.

Aber jedes Kind braucht seine Form von innerem Halt. Wie auch schon im vorigen Kapitel erläutert.

<u>Identifiziere die bevorzugten Beruhigungsstrategien deines Kindes:</u> Ist es Bewegung? Ordnung? Technik? Wiederholung? Ruhe? Schreiben?

→ Frag nicht: »Warum macht es das?«, sondern: »Was bringt es ihm?«

<u>Erlaube ungestörten Zugang zu diesen Strategien</u> – auch wenn sie untypisch oder wiederholt erscheinen.

→ das ist kein »Fixieren«, sondern eine Form von emotionalem Heimathafen.

<u>Sprich mit deinem Kind über seine Methode (wenn es möglich ist):</u>

→ »Wie fühlst du dich, wenn du das machst?« Oder: »Hilft dir das, wenn es zu laut oder zu viel ist?«

<u>Vermeide Unterbrechung oder Zwang zur »sozialeren« Lösung:</u> Ein Kind, das sich mit einem Automatenfoto, einem Planetenbuch oder einer Spielroutine beruhigt, braucht keine Gruppenrunde mit

Basteltherapie – es braucht Akzeptanz seiner Methode.

<u>Hilf deinem Kind, diese Strategien alltagstauglich mitzunehmen:</u> Zum Beispiel durch kleine Erinnerungsstücke, Notizhefte, Geräuschblocker, Planungslisten – portable Sicherheit.

Maik, Sonja und Thomas beim Shoppen und im Kino

Vorwort 4

Guten Tag, Leute.

Das nächste Abenteuer wird für Euch auch spannend. Heute treffe ich wieder meine leiblichen Eltern Sonja und Thomas. Mit denen gehe ich shoppen und ins Kino.

Holt eure Geldbörse, euer Kinoticket oder euren Popcorn-Eimer raus, denn es geht mit Cashing los in die Geschichte.

Euer Maik

A.K.A Maiki.

Figuren: Maik, Mama, Sonja, Thomas und Josy, Katy

Es ist ein schöner Morgen im Juli 2024, wo Mama und ich Besuch von meinen leiblichen Eltern Sonja und Thomas bekamen.

»Yeah, heute gehe ich mit Sonja und Thomas shoppen. Du bist im Café Extrablatt und ich bin mit Sonja und Thomas noch im Kino«, sagte ich voller guter Laune.

»So! Wir sind da! Jetzt müssen wir nur noch warten, bis Sonja und Thomas kommen«, sagte die Mama. Mama und ich warteten am Parkplatz.

Nach etwa 5 Minuten sahen Mama und ich Sonja und Thomas. »Hallo, Sonja! Hallo Thomas!«, begrüßte ich sie.

Sie grüßten zurück: »Hallöchen, Maik. Freust du dich auf das Abenteuer, mit uns zu shoppen und ins Kino zu gehen?«, fragte Sonja mich.

Ich antwortete ihr dann: »Ja, ein bisschen werde ich was kaufen, weil nächste Woche fahren wir zur Tante Heike, der Schwester meiner Mama und da möchte ich Geld für den Nici-Laden in Bayern sparen«, sagte ich.

»Okay lasst uns runtergehen zur Stadt und dort könnt ihr einen schönen Einkaufsbummel machen und ich bin im Café Extrablatt«, sagte die Mama, suchte sich einen Sitzplatz aus und setzte sich.

Sonja, Thomas und ich gingen zu dritt in die Stadt und shoppten ein paar Sachen.

»Lasst uns mal als erstes Geschäft zu *Müller*, Drogeriemarkt XY, so nenne ich ihn aus Spaß natürlich!«, sagte ich zu Sonja und Thomas. Wir gingen zuerst in den Drogeriemarkt.

»Fahren wir mal mit dem Lift nach oben zu den Spielzeugen.« Wir fuhren mit dem Aufzug nach oben zur Spiel- und Schreibwarenabteilung. »Hier fängt es schon mal an mit Spielzeugautos von *SIKU*. Wow, ein Reisebus, ein Doppeldecker und ein paar Verkehrsschilder!«, sagte ich und bestaunte die Spielzeugautos. »Oh, das ist *mit Köpfchen* von der Maus. Wo man zum Beispiel erraten muss, was mit dem Anfangsbuchstaben M anfängt. Ein Berg mit M ist der Mount Everest«, erklärte ich Sonja und Thomas und nahm das Spiel.

»Jetzt kommt die Abteilung von Videospielen, wie von *PS4*, *PS5*, DVDs, *Xbox* und für die *Nintendo Switch* und von einigen Videospielen gibt es auch Merches. Zum Beispiel Tassen, Wecker, Plüschtieren, eine Lampe und vieles mehr«, sagte ich zur Sonja und Thomas. »Oh, eine Biene von *Minecraft* und ein Lama. Oh, sogar ein goldener Creeper«, sagte ich bestaunend zu Sonja und Thomas. Wir guckten uns die Sachen von den Videospielen an. Die Biene habe ich schon und auch den TNT-Wecker, aber den hing Mama zur Deko an die Wand.

»Oh, das wäre geil: Minecraft 2.0 auf der PlayStation. Aber satte 44,99 Euro sind ein bisschen zu viel. Dann wäre mein Geld für den Urlaub in Bayern bei Tante Heike schon weg. Autobahnpolizei Simulator 2 habe ich schon, sowie das von Paw Patrol«, sagte ich zu Sonja und Thomas, als ich mir die Spiele ansah. »Wow! Dass wir shoppen gehen, ist für mich wie eine geheime Safari! Hier sind Figuren, die du auf Toni-Boxen stecken kannst, dann spielt die das Hörspiel ab, was du möchtest.« Ich zeigte und erklärte Sonja die Toni-Figuren und Boxen.

»Oh, da ist die Ecke mit den Sachen vom *FC-Bayern München* und vom *BVB 09*«, sagte ich zu Sonja und Thomas. »Ich würde sagen, von Müller hole ich mir nur das Spiel *mit Köpfchen*, weil mehr will ich nicht.«

Wir fuhren mit dem Lift nach unten zur Kasse, ich bezahlte mit der Karte von *Bling* etwa 7,99€ an der Kasse.

»Erstes Geschäft abgeschlossen. Wollen wir als Nächstes zu Thalia?«, fragte ich zu Sonja und Thomas.

Sonja antwortete: »Ja, lasst uns aber vorher noch was zu trinken holen, bevor wir weiterziehen.«

»Zwei Cola und ein Energydrink? Ich glaube, die Cola sind für Sonja und mich und der Energydrink für Thomas, oder?«, schätzte ich.

Sonja und Thomas kauften zwei Cola und einen Energydrink.

»Okay, lasst uns zum Thalia gehen, ob es da gute Bücher gibt«, sagte ich zu Sonja und Thomas.

Wir gingen ein paar Meter weiter zu Thalia. »Da sind Bücher von Minecraft wie Arazhul und von Paluten.«

Von Paluten ist in meiner Sammlung schon: *Die Schmahamas-Verschwörung, der Golem-König, Schlamassel im Weltall, Donnerwetter am Mountschmeverest, die Reise zum Mittelschlund der Erde,* der große Preis von Schmonaco, das große Schrumpfen und die Ritter der Schmafelrunde.

Und von den Comics von Arazhul habe ich schon, *Wie ich die Welt rettete und gleichzeitig eine 3- im Vokabeltest schrieb*, *wie ich in der Geisterschule nachsitzen musste*, *Wie ich meine Hausaufgaben im Gefängnis machte* und *Wie ich an einem Tag 100 Euro verdiente.* Und ich will von Arazhul das Comic *Wie ich zu jung für die Schule wurde* in Thalia holen.

»Oh, Schade! Das Arazhul-Comic Adventure #4 gibt es nicht«, sagte ich enttäuscht. »Okay, lasst uns zu *Tedi* gehen! Vielleicht hat er gute Sachen«, sagte ich zu Sonja und Thomas.

Wir gingen weiter zu *Tedi*. Nach 10 Minuten wurden Sonja, Thomas und ich fündig und kauften einen Schlüsselanhänger mit einer umkrempelbaren Krake, auch Oktopus genannt. Und von der Marke *Einhorn* ein liniertes Notizbuch.

»Ich habe ein Kohldampf, lasst uns was im Bäcker da holen«, sagte Sonja und so machten wir Rast bei einem Bäcker.

»Hallo, zweimal Käsebrötchen bitte, diesen Kakao und diese *Mezzo-Mix*. Und dürfte ich einmal bitte bei ihnen auf Toilette gehen?«, fragte Sonja, bezahlte die Sachen und flitzte zur Toilette, während Thomas und ich mit den Sachen draußen warteten.

»Wir haben noch ein bisschen Zeit, bevor wir zum Kino müssen. Wollen wir noch als Letztes zu Saturn gehen? Weil da gibt es einige Fanartikel zum Beispiel von Minecraft«, fragte ich Thomas.

In dem Moment, als Thomas was sagen wollte, tauchte schon Sonja auf und wir gingen weiter zu Saturn.

»Oh, hier ist eine Biene in einem Behälter mit grüner seifiger Flüssigkeit drin. Und Überraschungsboxen mit Figuren von *Harry Potter*: wie Hedwig, Hagrid, Hermine, Professor Snape; Serverus Snape, Ron, Luna, Harry und viele weitere Figuren«, sagte ich staunend zu Sonja. Ich nahm einen Schlüsselanhänger mit einer Biene in einem Behälter von Minecraft und zwei Überraschungsboxen von Harry Potter.

»Oh, wo hast du denn Thomas gelassen?«

Sonja antwortete: »Der Thomas sucht nach einer guten Heißluftfritteuse für sein Zuhause.«

»Oh, Josy? Du trafst dich mit der Mama?«, fragte ich.

Josy sagte: »Ja, mir und Katy war langweilig und deshalb traf ich mich mit der Mama hier. Gerade schläft die Kleine.«

»Hi, das sind Sonja und Thomas, meine leiblichen Eltern. Wir waren shoppen und jetzt wollen wir uns auf den Weg zum Kino machen«, sagte ich zu Josy und stellte ihr meine leiblichen Eltern Sonja und Thomas vor.

»In einer halben Stunde geht der Film los. Ihr könnt euch noch was bei Extrablatt zu Essen holen, bevor ihr ins Kino geht«, sagte die Mama. Sonja, Thomas und ich gingen los zum Extrablatt.

»Hallöchen, einmal bitte eine große Pommes mit Ketchup und als Getränk eine große Cola. Für Thomas bitte einen Burger mit Hähnchen, Burgersauce und auch Pommes mit Ketchup und eine große Cola. Und für den Teenager bitte eine kleine Cola und eine kleine Pommes mit Ketchup und Majo«, sagte Sonja zur Kellnerin.

Sie nahm die Bestellung auf und ging in die Küche.

Nach 15 Minuten kam die Kellnerin mit unserem Essen und Trinken aus der Küche.

Nach etwa 5 Minuten waren Sonja, Thomas und ich satt, bezahlten die Rechnung und gingen Richtung Kino.

»Ich würde sagen, wir packen vorher unsere Wertsachen wie Taschen, Handy und andere teure Sachen in den Spind«, sagte ich zu Sonja und Thomas. Wir packten alles in den Spind, außer das Portemonnaie für Tickets, Snacks und Getränke.

»Guten Tag. 3 Tickets für den Film *IF: Imaginäre Freunde* bitte«, sagte Sonja zu der Frau am Ticketpult und die Frau druckte 3 Tickets für den Film aus.

»Ich hole mir Popcorn und Cola! Maik, willst du Nachos oder Popcorn?«, fragte Sonja.

Ich antwortete ihr dann: »Weißt du, Sonja. Wegen der Pommes bin ich so voll, dass ich nur eine Cola schaffe.« Also, weder Nachos noch Popcorn, nur eine Cola.

»Guten Tag. Zweimal Cola, ein Slushy mit allen Farben und einmal Popcorn mit Karamell bitte!«, sagte Sonja und nach 5 Minuten waren unsere Snacks und Getränke fürs Kino fertig.

»Lasst uns vorher noch auf Toilette gehen, bevor wir in den Kinosaal gehen«, sagten Sonja und Thomas.

Nach 5 Minuten kam ich aus der Toilette raus, holte mein Handy und rief die Mama an: »Hallöchen, Mama. Wir sind jetzt oben und kauften uns Snacks und Getränke. Ich warte jetzt noch auf Thomas und Sonja, denn wir waren noch schnell auf die Toilette gegangen.«

»Was? Aber der Film hat schon angefangen vor ein paar Minuten«, sagte Mama am Handy zu mir.

»Echt? Oh, wird schon nicht schiefgehen. Ich bin schon gespannt auf den Film.«

Nach 5 Minuten kamen Sonja und Thomas raus und wir gingen zusammen nach oben in den Kinosaal 1, wo schon der Film vor ein paar Minuten angefangen hatte.

Nach einer Stunde und 44 Minuten war der Film zu Ende, alle verließen den Kinosaal und gingen nach unten, wo neben der Treppe eine Trennungsstation für die Mehrweg-Becher, mit Fächern für Getränke-Reste, für die Deckel, für die Becher und für die Strohhalme.

Als Sonja, Thomas und ich draußen waren, gingen wir zum Café Extrablatt, wo Mama sich einen Kaffee gönnte.

»Na, wie war der Film, Maik«, fragte Mama.

»War gut, Mama! Nur wir sind gerade echt kaputt. Ob wir die beiden zum Bahnhof bringen würden?«

Als Mama das hörte, trank sie ihren Kaffee aus, wir gingen hinein ins Parkhaus und gingen zum Auto. Mama fuhr zur Schranke, legte das bezahlte Ticket in den Kartenschlitz, die Schranke öffnete sich und Mama fuhr die Rampe nach unten zur Ausfahrt.

Nach 35 Minuten und 25 Kilometern erreichten Mama, Sonja, Thomas und ich den Hauptbahnhof. Sofort nach der Verabschiedung fuhren Mama und ich mit dem Volvo nach Hause und ruhten uns aus.

Ach ja, das war doch ein schönes Abenteuer, mit Sonja und Thomas in der Stadt shoppen und ins Kino zu gehen, sagte ich in meinen Gedanken.

»Maik, Sonja und Thomas beim Shoppen und im Kino – Liebe durch Listen, Nähe durch Nachos«

Andere gehen mit ihren Eltern bummeln – Maik geht auf Mission.

Denn wenn Maik shoppt, wird kein Regal dem Zufall überlassen. Das ist kein »Lass uns mal schauen«-Bummel. Es ist eine durchgeplante Inventur mit Budget, Strategie und Sammelobjekt-Option.

Die Begegnung mit seinen leiblichen Eltern – Sonja und Thomas – wirkt auf den ersten Blick wie ein entspannter Ausflug.

Auf den zweiten Blick ist es aber ein fein orchestriertes soziales Experiment mit vielen Variablen: Welche Figur ist in der Überraschungsbox? Wie viel Geld gebe ich wofür aus? Und wie strukturiere ich Begegnung, ohne in Gefühlschaos zu geraten?

Beim Einkaufen glänzt Maik mit ökonomischem Feinsinn.

44,99 € für ein Spiel? Nein danke, das sprengt das Budget.

Dafür eine Minecraft-Biene im Behälter mit grüner Flüssigkeit? Jackpot.

Und dann – ein Klassiker der Improvisationskatastrophen: Sonja und Thomas müssen gleichzeitig auf Toilette.

Maik steht da.

Allein.

Mit Popcorn in der einen Hand und wachsendem Stresslevel in der anderen. Auch wenn dies in der Geschichte für euch unspektakulär erscheinen mag.

Aber was macht er?

Er ruft an. Nicht irgendwen. Mama. Seine Konstante. Sein Back-up. Sein Anker. Was in seiner Geschichte nüchtern klingt, war in der Realität ein enormer Stressauslöser.

»Hallöchen, Mama. Wir sind jetzt oben und kauften Snacks und Getränke. Ich warte jetzt mit Thomas auf Sonja, denn wir waren noch schnell auf Toilette gegangen.«

Das klingt harmlos. Fast beiläufig.

Aber jeder, der Maik kennt, weiß: Das ist Alarmstufe Orange.

Der Film hatte schon angefangen. Das Licht war gedimmt.

Doch Maik blieb ruhig. Warum?

Weil ich, die Mama, ihm erklärte, dass es okay ist.

Dass der Anfang nicht das Ende bedeutet. Und, dass eine Cola manchmal ein besseres Gegenmittel gegen Aufregung ist als jedes Antidepressivum.

Fachlicher Blick

Verarbeitung durch Handlung, nicht Gefühl: Maik beschreibt keinen »Schockmoment«, kein »Ich hatte Angst«.

→ stattdessen ruft er mich an – das ist sein Emotionskanal. Selbstwirksamkeit durch Handlung.

Soziale Struktur über klare Aufgaben: Wer bestellt was? Wer holt Cola? Wer trägt die Snacks?

→ Beziehung wird über Rollenverteilung aufgebaut, nicht über Emotion.

Starke Selbstbeobachtung in Stresssituation: Statt in Panik zu geraten, nutzt Maik ein gelerntes Coping-Tool: Kontaktaufnahme zur Vertrauensperson.

→ das zeigt emotionale Intelligenz – nur eben funktional organisiert.

Objekt- und Preisfokus statt emotionaler Erlebnisbeschreibung: Die Erzählung konzentriert sich auf Überraschungsboxen, Bienenanhänger, Getränke – nicht auf Stimmungen oder Beziehungsgespräche.

→ für viele autistische Kinder sind Gegenstände sichere Bedeutungsträger.

Warum ist das so?

Autistische Kinder verarbeiten soziale Interaktion häufig über Handlung und Struktur.

Wenn die Umgebung plötzlich unvorhersehbar wird (z. B. »Beide Erwachsenen sind plötzlich weg«), greifen sie zu bewährten Strategien.

Der Anruf bei mir war kein Small Talk – es war Selbstregulation.

Statt laut zu werden oder sich zu verweigern, hat Maik sich mit meiner Stimme geerdet.

Fachleute wie Peter Vermeulen oder Tony Attwood beschreiben solche Momente als »Selbststabilisierungsmechanismen durch externe kognitive Hilfen«.

In Maiks Fall: Ein Anruf bei Mama ersetzt den fehlenden Halt im Raum.

Fazit

Dieses Kapitel zeigt eindrücklich, wie klar strukturiertes Verhalten tiefe emotionale Prozesse ersetzt (oder besser: abbildet). Wie Nähe durch Handlung und Planbarkeit entstehen kann, und wie autistische Kinder in Reiz- oder Stressmomenten auf trainierte Bewältigungsstrategien zurückgreifen, wenn sie zugelassen und unterstützt werden.

Tipps für Eltern und Fachkräfte

1. Emotionale Sicherheit: Manchmal ist dies ein Telefonat. Lass dein Kind wissen, dass du verfügbar bist – auch wenn du nicht physisch da bist.

→ ein Anruf kann mehr Stabilität geben als jedes Beruhigungsmantra.

2. Versteh scheinbar »unspektakuläre« Handlungen als Bindungsausdruck: »Ich kaufe Cola« heißt manchmal: »Ich vertraue dir.«

3. Plane Begegnungen mit leiblichen Eltern strukturiert und vorhersehbar: Das ist kein Kontrollzwang – das ist emotionale Barrierefreiheit.

Und vor allem: Wenn dein Kind dich in einem Kinogang anruft, anstatt durchzudrehen, dann hat es gewonnen.

Maik und Mama bei Tante Heike in Bayern

Vorwort 5

Grüezi, Leute.

Heute bei diesem Abenteuer werden Mama und ich Tante Heike in Bayern besuchen und für 5 Tage da Urlaub machen.

Holt das MC oder euren T-Rex zur Hand, denn es geht mit Dinosaurier-Brüllen los auf Tour.

Euer Maik

A.K.A Maiki.

Figuren: Maik, Mama, Tante Heike, Elias, Onkel Thomas

Es war ein schöner Montagmorgen im Juli 2024 für den Urlaub von Mama und mir bei Tante Heike in Bayern.

»Okay, wollen wir zu diesem Zentrum von *Merten & Merten* fahren, Mama?«, fragte ich und Mama antwortete: »Nein, das habe ich schon alles erledigt, während du noch im Bett warst. Und ich war schon für den Urlaub einkaufen. Hier sind noch 10 € von der Nachbarin für shoppen.«

Mama schenkte mir den 10-Euro-Schein, den ich direkt in mein Portemonnaie steckte.

Nach 5 Minuten nahmen Mama und ich die Koffer und packten sie in unser Auto, dem Volvo XC60 B4.

»Gib mal die Adresse von Tante Heike ein, Maik. Auf der Fahrt hören wir zwei Alben von *Reliquie* und wir machen erst dann eine Pause bei McDonald's, wenn wir bei der Fahrt 2 Stunden schaffen, okay?«, sagte Mama und wir fuhren durch die Straßen zur A2 nach Hannover und der A1 nach Bremen Kassel.

»Okay, jetzt kommt die A44«, sagte Mama zu mir und ich wies sie darauf hin, dass sie die zweite Ausfahrt nehmen muss.

Nach 5 Minuten kam im Navi eine Warnung, dass beim Autobahn-Dreieck bei der A7 eine Baustelle ist. Deswegen mussten wir über die A49 fahren.

Bei der Ausfahrt 63 bekam Mama einen Anruf von Fiona, dass es bei ihr im Krankenhaus gut läuft.

Die 2 Stunden waren rum und bei der Autobahn-Auffahrt zur A7 fiel Mama und mir ein Autohof mit einem *McDonald's* ins Auge, wo wir sofort eine Rast machten. Ein Autohof ist ein Mix aus einer Autobahnausfahrt und einem Rasthof, dort befinden sich immer eine Tankstelle, ein Restaurant und oftmals auch ein Hotel.

Nach 30 Minuten waren Mama und ich satt, nahmen noch die übrige Cola mit, gingen nach draußen zum Auto und fuhren weiter zur A7.

Nach 30 Minuten riefen Mama und ich im Auto den Papa an. »Hallo, Schatz«, sagte Papa.

»Hallo, Papa. Ich wollte darauf hinweisen, dass wir jetzt fast da sind. Wir sind jetzt auf der A70. Damit du Bescheid weißt, dass wir fast da sind.«

Nach 10 Minuten kam die Autobahnausfahrt 21, wo Mama und ich sofort abfuhren und über die Landstraße weiterfuhren.

Sofort als Mama und ich ankamen, nahmen wir die Koffer und Taschen und gingen zur Haustür, wo Elias direkt die Tür aufmachte.

Nach 3 Stunden war es 20 Uhr und ich bekam von Mama meine Tablette. Als es 22 Uhr war, kam

Mama müde und erschöpft in Jennys Zimmer, wo Mama und ich schlafen. Sie zog ihre Sachen aus und schlüpfte in ihre Schlafsachen.

Am nächsten Tag fielen Mama und ich aus dem Schlaf, gingen nach unten in die Küche zu Tante Heike. Mama machte für sich und Tante Heike Kaffee und gab mir meine Tablette.

»Okay, Elias ist im Kindergarten, Thomas ist auf der Arbeit. Jetzt muss ich auch zur Arbeit und noch für Elias ein Geburtstagsgeschenk kaufen. Er kriegt nämlich eine *Nintendo Switch* mit dem Spiel *Marooners*«, sagte Tante Heike, nahm die Autoschlüssel von ihrem kleinen Fiat und fuhr zur Arbeit.

Heute fahren wir zum Rofu-spielzeugladen und Treffen später die Tante Heike beim MediaMarkt, wenn sie für Elias eine Nintendo Switch kauft.

Morgen ist der Geburtstag von Elias. Übermorgen fahren wir mit Tante Heike und Elias zu *Nici*, der am Mittag um 12 Uhr aufmacht und zu einem Wasserspielplatz. Am Freitag fahren wir wieder nach Hause.

Mama und ich machten uns mit dem Volvo auf dem Weg zum Rofu. »Wir sind da. Von hier aus müssen wir geradeaus zum *MediaMarkt* fahren«, verriet ich der Mama und sie parkte das Auto beim Rofu.

Nach ein paar Minuten kauften Mama und ich ein 2-in-1 Minecraft-Panda, eine Wasserpistole, die aussieht wie ein Revolver, Kniffel und eine Brotdose mit den Minions Kevin, Stuart, Bob und Otto und fuhren weiter zu *Tedi*. Dort kauften wir Kreppbänder, doppelseitiges Klebeband, ein Nackenkissen als Wassermelonenscheibe, drei Flaschen Cola, ein Radiergummi von Harry Potter, ein Bleistift, ein Anspitzer, ein Lineal mit Hogwarts-Express, ein Frisbee mit dem Logo von *Tedi*, weiße Vorhänge, auch Gardinen genannt, und viele weitere Sachen.

»Oh, wir müssen noch tanken und die Scheibe putzen, da drauf klatschten ein paar tote Insekten auf der Autobahn«, sagte Mama. Sie sah das Problem, tankte und putze bei der Tankstelle *Jet* die Scheibe. Nach ein paar Minuten war der Tank bis zum Rand voll und die Scheibe war sauber geputzt. Mama und ich bezahlten in der Tankstelle und fuhren weiter zu einem Café bei *MediaMarkt*.

Dort holten wir Apfelschorle, einen Kaffee und eine Laugenstange.

Nach 10 Minuten sah Mama Tante Heike. Wir tranken und aßen auf und gingen zu Tante Heike, die schon vor dem Eingang wartete.

Nach 1 Stunde kauften Mama, Tante Heike und ich eine *Nintendo Switch* mit dem Spiel *Marooners*.

Mama und ich fuhren nach Hause, während Tante Heike zum Metzger fuhr. Metzger ist ein Händler, wo man Fleisch kaufen kann. Aber heutzutage kaufen Leute Fleisch an Frischetheken, wo man sich zu Salami, Wurst und Fleisch beraten lassen kann.

Nach 14 Minuten und 13 Kilometer kamen Mama und ich beim Haus von Tante Heike, Onkel Thomas und Elias an.

Es wurde dunkel und es wurde 20 Uhr, als Mama und ich, zusammen mit Tante Heike die Eis-, Schatten- und Lavawelt für den Geburtstag von Elias vorbereiteten.

»Oh, mein Fuß juckt so! Ich glaube, mich biss eine Zecke«, sagte Tante Heike vor Schmerzen und zeigte den Biss an ihrem Fuß rechts von ihrer Seite.

»Oh, ich glaube, mich stach eine Mücke am Fuß«, sagte ich vor Schmerzen.

»Du kriegst eine Creme gegen das Jucken und zur Beruhigung!«, sagte Tante Heike, holte eine Creme gegen Mückenstiche und rieb eine erbsengroße Menge in kreisförmigen Bewegungen auf den Stich. »Sandra, ich fand etwas, womit wir rote, gelbe und orangene Kreppbänder für die Lava-Welt aufkleben könnten. Ein alter Tisch aus Holz aus der Garage«, erklärte Tante Heike und kam mit einem alten Holztisch aus der Garage nach oben auf die Gartenterrasse.

»Okay Maik, um fließend aussehende Lava zu bekommen, müssen wir die Bänder nehmen und zu einer kreisähnlichen Form machen und dann ein Stück quadratisches doppelseitiges Klebeband drauf machen und an diese Holzplatte kleben. Morgen kommen da Luftballons drauf. Die Knete da ist nur als Dekoration«, erklärte Mama bei den Kreppbändern.

Nach ein paar Minuten war es 22:38 Uhr und ich ging nach oben in Jennys Zimmer und schlief sofort ein.

Nach 1 Stunde und 12 Minuten war es 23:50 Uhr. Mama kam nach oben zu mir und zog ihren Schlafanzug an.

Am nächsten Tag war der Geburtstag von Elias angesagt. Mama und ich standen auf und gingen nach unten in die Küche. »Zum Geburtstag von Elias heute Nachmittag ist noch Zeit. Wir können schon das Planschbecken für die Eis-Welt vorbereiten. Wir füllen es mit Wasser aus dem Gartenschlauch, eingefrorenen Wasserballons und Bälle von einem Bällebad«, sagte Mama. Wir bereiteten alles für die Geburtstagsfeier von Elias vor.

Apropos Bällebad, als Paluten mal im Jahr 2016 in Köln wohnte, gründete er mit seinen Freunden Dner, Rewi, Malte, Denno und Smurf UFO-Zimmer für UFO-Vlog's. Und der Witzigste davon war, als bei der Tür das Türschloss kaputt war und Paluten das gelockerte Türschloss in die Eier bekam.

Nach ein paar Stunden waren Mama und ich mit der Dekoration durch und warteten auf Tante Heike, Elias und die Gäste.

Nach 2 Stunden kamen endlich Tante Heike, Elias und die Gäste an und gingen sofort zum Tisch an der Terrasse bei der Haustür, nahmen Platz und kriegten ein Becher mit Strohhalm und ein bisschen Apfelschorle.

»Lasst uns jetzt die farbigen Steine mit den Figuren von Eldrador suchen! Also macht euch bitte bereit für die Safari«, sagte Mama und führte die Kinder und Elias die Steintreppe nach oben zur Terrasse. Die Kinder fanden schon ein paar Figuren von Eldrador.

»Und jetzt müsst ihr aus schwarzer Pappe Drachenflügel basteln und die euch auf den Rücken machen, um zu tun, als würdet ihr fliegen«, erklärte Mama. »Hier bekommt ihr von mir Pappe, Stifte, Kleber, Glitzer, Pailletten und Scheren, um euch Drachenflügel zu basteln.« Mama verteilte Klebestifte, Stifte, Pailletten und Pappe an die Kinder, die sich daraus Drachenflügel bastelten.

»Ich sehe, ihr seid fertig mit euren Drachenflügeln. Seid ihr jetzt bereit, die nächste Figur von Eldrador in der sogenannten Schatten-Welt zu suchen?«, fragte Mama an Elias und die Gäste und alle sagten: »Ja, klar. Lasst uns die suchen!«

Sofort suchten die Kinder die Figur von Eldrador in der ganzen Schatten-Welt. Nach 2 Minuten fanden sie diese Figur endlich und kamen mit dieser aus der Schatten-Welt heraus.

»Jetzt kommt noch eine Welt, wo ihr eine Figur von Eldrador suchen müsst: Die Eis-Welt. Dafür könnt ihr eure Sachen anlassen oder ihr zieht euch eine Badehose an, weil es sowieso warm ist«, sagte Mama. Einige ließen ihre Anziehsachen an, andere zogen eine Badehose an und suchten die Figur von Eldrador im Pool; mit Eiskugeln und Bällen aus dem Bällebad.

»Einer von euch hat die Figur gefunden, jetzt kommt die letzte Welt: die Feuer- und Lavawelt. Und ihr müsst in einem Korb Schlangen fangen.« Alle gingen zur Terrasse vor der Haustür, nahmen sich Dartpfeile und versuchten bei der Lava-Welt die roten, gelben und orangenen Ballons zu zerplatzen, um die Figur von Eldrador zu retten.

»Oh, es wird knapp. Aber Elias bekam sie, indem er die Ballons zerplatzte«, sagte Mama jubelnd. Alle gingen weiter zu einem Korb mit vielen falschen Schlangen. Neben dem Korb war ein Stock mit einem gebogenen Kleiderbügel aus Draht, der einen Angelhaken darstellte. Nacheinander versuchte jeder, eine Schlange mit der Angel zu fischen.

»Okay, lasst uns alle jetzt mit den Wasserbomben eine Wasserschlacht machen!«, sagte ich und alle folgten mir zur Terrasse nach oben. Ich holte eine Tüte, in der sich 4 Aufsätze mit bunten kleinen Ballons befanden, die man an den Wasserhahn hängt, um die Wasserbomben mit Wasser zu füllen.

»Los! Los! Los! Wir sind sehr ungeduldig. Wir wollen endlich die Wasserschlacht beginnen!«, sagte Elias ungeduldig und ich füllte die Wasserbomben mit Wasser, die sich nach dem Befüllen von allein verknoteten und in den Eimer fielen.

»Los gehts!«, sagten die Kinder und die Wasserschlacht begann. Als alle klatschnass waren, gingen wir sofort ins Haus und trockneten uns ab.

»Hey, Mama. Wie gehts dir? Also ich habe jetzt Lust, auf was zu essen«, sagte ich zur Mama.

Onkel Thomas sagte: »Hat jemand Hunger? Dann holt euch bei mir ein Hotdog oder eine Wurst im Brötchen. Apfelschorle kriegt ihr bei Tante Heike.«

Als alle Kinder das hörten, legten sie sofort die ganzen Spielsachen aus der Hand, gingen den Abhang nach unten zur Terrasse und holten sich ein Würstchen im Brötchen und Apfelschorle.

Kaum fingen wir an, zu essen, kamen Jenny, die Tochter von der Tante Heike, und Max, der Freund von Jenny. Mir fiel bei der Jenny was unfassbar Großartiges auf: Ihre Haare ließ sie giftgrün färben. Das kann sie entweder beim Friseur oder mit einem Haarfärbemittel bei sich zu Hause selbst einfärben.

»Hallo, Jenny. Hallo, Max. Schön, dich kennenzulernen«, begrüßte ich Jenny und Max.

»Okay, ich muss sagen, dass der Kindergeburtstag heute gut und spaßig war. Eure Eltern kommen in ein paar Minuten, um euch abzuholen. In der Zwischenzeit dürft ihr noch oben auf der Wiese toben und spielen. Aber bitte macht euch nicht mehr gegenseitig nass, habt ihr das verstanden, Kinder?«, sagte Tante Heike zu den Kindern.

Sie gingen nach oben, um zu spielen und zu toben, während Mama, Onkel Thomas, Tante Heike und ich abräumten und nach oben zur Terrasse gingen, um ein bisschen zu quatschen.

Ich ging nach oben, um ein bisschen an meinem Handy zu spielen.

Unten richtete Max für Elias die *Nintendo Switch* ein, legte Uhrzeit, Datum, Name und Spitzname und Profilbild fest. Er legte die USB-Karte von dem Spiel ein.

Nach ein paar Stunden war es wieder 22:38 Uhr und Mama kam müde und erschöpft nach oben zu mir ins Zimmer, zog sich aus und ging schlafen.

Am nächsten Morgen gingen Mama und ich aus dem Bett in die Küche zu Tante Heike und Elias.

»Heute fahren wir zum *Nici*-Laden! Ich freue mich schon! Yeah!«, freute ich mich aufgeregt. Wir gingen nach draußen zum Auto und fuhren zum *Nici*-Laden.

»Oh, die haben noch nicht auf. Lasst uns vorher z.B. bei *Lidl* ein bisschen Essen und Getränke kaufen«, sagte Mama.

Nach ein paar Minuten war es 12 Uhr und Tante Heike, Mama, Elias und ich gingen zum Auto und fuhren zum Nici-Laden. Wir kauften einen Stift mit einem Dackel und zwei Eulen als Schlüsselanhänger.

»Lasst uns zu einem Wasserspielplatz fahren, Sandra«, sagte Tante Heike und wir fuhren zu einem Wasserspielplatz.

Sofort als wir ankamen, nahm Mama die Essenssachen und Getränke und stellte sie auf den Tisch bei zwei Bänken, während Elias und ich unsere Wasserpistolen nahmen und mit Wasser spritzten.

Nach 30 Minuten gingen Elias und mir die Kräfte aus und wir machten eine Essenspause.

Nach 1 Stunde fuhren Tante Heike, Elias, Mama und ich weiter zu einer Eisdiele und holten eine Eistüte, eine Cola und zweimal Spaghettieis.

Nach 30 Minuten waren Mama, Tante Heike, Elias und ich erschöpft und fuhren direkt zu Tante Heikes Haus.

Am Abend gab es wieder die Tablette und nachdem ich die Tablette nahm, ging ich zum Schlafen nach oben in Jennys Zimmer.

Um 22:40 Uhr kam Mama müde und erschöpft zu mir ins Zimmer, zog sich aus und legte sich ins Bett.

Am nächsten Morgen war für Mama und mich die Rückfahrt von Bayern nach Hause. Nachdem Mama eine rauchte, wurde es 11 Uhr vormittags. Mama kam von der Terrasse die Steintreppe nach unten zum Auto. Mitsamt den Koffern.

»Mama, ich erinnere mich an den kurzen Abend mit Doro und Julian, wo wir noch in einer Pizzeria waren«, sagte ich zu Mama.

Mama sagte zu mir: »Ja Maik, das stimmt. Aber leider ließen sich Doro und Julian scheiden.«

Nach ein paar Kilometern waren bereits 2 Stunden Autofahrt rum und Mama und ich suchten nach einem *McDonald's* in der Nähe. Wir fanden einen *McDonald's* und es war genau der, an dem wir am Montag schon waren.

Nach 2 Stunden waren Mama und ich satt und nahmen die übrige Cola mit. Wir fuhren weiter, bis meine Oma, die gleichzeitig die Mama meiner Mutter ist, anrief, und uns von dem Urlaub in Kroatien mit Tante Anja und Onkel Matthias erzählte. Der Urlaubsort ist 6.999 Kilometer von Deutschland entfernt.

Sofort nachdem Oma auflegte, fuhren Mama und ich weiter zur Ausfahrt 79, die ungefähr 266 Kilometer lang ist.

Nach 1 Stunde und 49 Minuten erreichten Mama und ich unser Zuhause, nahmen unsere Taschen, Koffer und alles Weitere und gingen hinein ins Haus.

Papa guckte gerade auf Pro Sieben *Galileo*. »Hallo! Wir sind wieder da!«, rief Mama und wir gingen nach oben ins Wohnzimmer.

Oben in meinem Zimmer fiel ich dann in meine Gedanken und dachte angespannt an den Urlaub bei Tante Heike in Bayern.

»Urlaub in Bayern – Struktur, Sonnenschein und ein kleiner Wirbelwind namens Elias«

Ein Urlaub mit Kindern klingt oft nach Chaos, Eis und Diskussionen über das letzte Chicken Nugget.
Für Maik bedeutet Urlaub aber vor allem eins: Struktur auf Zeit.
Von der minutiös geplanten Autofahrt mit Soundtrack und Pausen-Taktung über McDonalds-Stopps bis zum akkuraten Navigieren durch Autobahn-Ausfahrten – alles folgt einem Plan. Und wenn das Navi eine Baustelle meldet, übernimmt Maik kurzerhand die Streckenkoordination wie ein Ferien-Routenmanager auf Speed.
Angekommen bei Tante Heike in Bayern, öffnet Elias – Maiks Cousin – die Tür. Er ist ein fröhlicher, freundlicher und quirliger Junge. Hier treffen zwei Welten aufeinander: Maik, der strukturierte Beobachter und Elias, das fröhlich-chaotische Spring-ins-Feld mit Nintendo-Begeisterung.
Und was passiert?
Sie kommen klar.

Nicht über intensive Gespräche oder Herzensbekenntnisse, sondern über gemeinsame Systeme: Regeln, Technik, gemeinsame Zeit.

Elias darf später mit Max die Switch einrichten, Maik kommentiert das detailliert – nicht wertend, sondern registrierend. Das ist seine Form von Nähe: Begleitung durch Beobachtung.

Zwischen Apfelschorle, Schlafroutine und Frühstückstablette wächst leise ein Band. Maik bleibt. Er zieht sich nicht zurück. Er lässt Nähe zu – solange sie eine Ordnung hat.

Der Kindergeburtstag bei Tante Heike ist dann das große Finale des Urlaubs. Andere Kinder stürmen los, wenn es um Schatzsuche, Angelspiel oder Wasserschlacht geht.

Maik analysiert. Er beobachtet. Und dann? Dann übernimmt er.

Er wird der, der die Wasserbomben auffüllt, die Regeln erklärt, die Abläufe klärt.

Nicht der Clown – aber der Koordinator.

Wenn Elias ungeduldig wird, reagiert Maik ruhig. Wenn es turbulent wird, bleibt er präsent.

Und als Jenny und ihr Freund Max mit giftgrünen Haaren auftauchen, wird nicht gewertet – sondern fachkundig kommentiert.

Maik kann soziale Situationen nicht immer intuitiv lesen – aber er kann sie steuern, wenn er ihnen eine Form geben darf.

Fachlicher Blick

Detailtreue und strukturierte Planung: Schon die Anreise folgt einem klaren Protokoll – Musik, Navigation, Pausenzeiten. Für Maik ist das kein nebensächliches Rahmenprogramm – es ist die Grundlage für emotionale Sicherheit.

Umgang mit jüngeren Kindern: Obwohl Elias lauter, jünger und beweglicher ist, schafft Maik eine stabile Beziehung – nicht durch Spiel, sondern durch gemeinsame Tätigkeiten mit klaren Regeln. Das ist typisch für viele autistische Kinder: Nähe entsteht dort, wo Vorhersehbarkeit und Verlässlichkeit möglich sind.

Kindergeburtstag als sozialer Lernraum: Statt sich in Rollen zu stürzen, bleibt Maik sachlich. Er beschreibt die Spielstationen, die Verpflegung und den Ablauf. Besonders auffällig: Er übernimmt Verantwortung – eine soziale Teilhabe auf eigene Weise.

Emotionale Selbstregulation durch Struktur: Maik ruht sich zwischendurch aus, zieht sich zurück und verarbeitet Erlebtes über sein Handy oder durch ruhige Beobachtung. Das ist keine Isolation – das ist Selbstschutz.

Warum ist das so?
Autistische Kinder wie Maik brauchen Ordnung, um sich in neuen Umgebungen sicher zu fühlen. Familienurlaube und Feiern sind oft sensorisch herausfordernd. Aber wenn die Umgebung – wie bei Tante Heike – klare Strukturen vorgibt, entstehen Spielräume für Teilhabe.

Beziehungen zu jüngeren Kindern können für Autisten überfordernd sein – weil sie oft unberechenbar handeln. Wenn aber ein gemeinsames Ziel da ist (z. B. Switch einrichten, Wasserschlacht nach Plan), können auch scheinbar ungleiche Duos gut funktionieren.

Fazit

Maiks Urlaub ist kein Bilderbuch-Familienidyll — sondern ein Paradebeispiel für stille Stärke im sozialen Kontext.

Er navigiert nicht nur Straßen, sondern auch zwischenmenschliche Situationen – mit Klarheit, Struktur und einer Prise technischer Neugier.

Er zeigt: Man muss kein Rampenlicht suchen, um mittendrin zu sein.

Tipp für Eltern

1. Rituale statt Überraschungen: Ein fester Ablauf, klare Ansagen und sichtbare Regeln geben Sicherheit – besonders in fremder Umgebung.

2. Beziehung über Handlung zulassen: Kinder wie Maik zeigen Zuneigung nicht über Kuscheln, sondern über »Ich helfe beim Aufbauen«, »Ich fülle die Wasserbomben« oder »Ich bleibe präsent«

3. <u>Gemeinsame Aktivitäten strukturieren:</u> Statt »Mach doch mit« besser: »Magst du den nächsten Spielgang erklären?« – so wird Beteiligung möglich ohne Reizüberflutung.

4. <u>Beobachtendes Dabeisein wertschätzen:</u> Wer scheinbar abseits sitzt, ist oft mitten im Geschehen – nur auf seine Weise.

Maik schläft auf einer Couch bei Josy und Sven

<u>Vorwort 6</u>

Grüezi wohl, Leute.

In Kapitel 6 werden Mama und ich, mit meinem Bruder Benny, eine alte Couch von uns mit einem Anhänger zu Josy und Sven fahren.

Dort mache ich dann für 2 Tage Urlaub.

Holt schnell den Pkw-Anhänger raus, denn es geht spannend ins Abenteuer.

Euer Maik

A.K.A Maiki

Figuren: Maik, Benny, Josy und Sven

Es war ein schöner Montagmittag, als Mama, Benny und ich mit unserem Auto zu einer Verleih-Firma für Anhänger fuhren.

»Hallöchen einmal bitte einen Anhänger für einen Transport eines Möbelstücks für einen halben

Tag«, sagte Mama und der Verleiher sagte: »Das macht dann 56,35€ bitte.«

Nachdem Mama das Geld für den Anhänger gab, gingen wir dem Verleiher nach und er überreichte uns den Anhänger, wo anscheinend die Rückleuchten defekt waren.

Sofort fuhren Mama, Benny und ich wieder nach Hause, um die alte Couch aus unserer Garage ins Auto zu laden, dann ging ich noch mal ins Haus, um meine Sachen und meinen Rucksack zu holen.

»Okay, lasst uns drei nach Mönchengladbach fahren mit unserer alten Couch. Übrigens, Maik. Wenn ich dich abhole, dann hole ich dich am Hauptbahnhof ab. Das heißt, in 2 Tagen fahren du und Josy mit dem Zug«, sagte Mama zu mir und die Fahrt ging los.

Nach ein paar Kilometern auf der Autobahn A2 Richtung Oberhausen fing Benny auf der Rückbank an nervig zu pfeifen: »Benjamin! Hörst du bitte auf, auf der Rückbank zu pfeifen?! Das nervt!«, sagte Mama laut und aufgeregt und zeitgleich hörte Benny auf.

Nach 1 Stunde, 26 Minuten und 121,6 Kilometern erreichten Mama, Benny und ich die Ausfahrt 12 und fuhren bis zum blauen Haus, wo Josy und Sven halfen, die alte Couch zu tragen.

»Okay, Maik! Das wird für uns drei ein schöner zweitägiger Urlaub. Mama gab uns Geld, sodass wir shoppen gehen können. Ich kenne ein Einkaufszentrum, wo wir morgen hinfahren können«, sagte Josy begeistert.

Wir gingen ins Wohnhaus nach oben, wo Sven und Benny die Couch im Wohnzimmer aufbauten.

Es wurde 16 Uhr und Josy, Sven und ich gingen zu Fuß zu Edeka und kauften einige Lebensmittel. Nachdem wir mit den Lebensmitteln nach Hause kamen, ruhten wir uns aus und spielten wenig später an der PlayStation 4 – kurz PS4 – und an den PCs, was die Abkürzung für Personal Computer ist.

Am nächsten Morgen war es Dienstag und ich wachte auf der Schlafcouch auf. Josy und Sven wachten auch auf, als es 9 Uhr vormittags war.

Sofort als es 12 mittags war, zogen Josy und ich uns an, gingen zu Fuß zur Bushaltestelle und fuhren mit dem Bus zum Einkaufszentrum. Wir kauften ein

Kartenspiel, eine Lampe mit einem blauen Creeper von *Minecraft*, der Geräusche machen kann, und einen kleinen Schlüsselanhänger mit einem Engel und meinem Geburtsdatum, 28. Juni.

Während der Busfahrt vom Einkaufszentrum nach Hause guckten Josy und ich uns die Busampeln an und eins wunderte uns. »Josy, was ist das K bei einer Bus Ampel? Weißt du das?«, fragte ich und suchte auf Google nach einer Antwort. Es bedeutet Folgendes: *Leuchtet an einer Ampel ein K auf, wird dies in einigen Städten wie ein A gewertet und bedeutet dort lediglich, dass die Ampel den Bus registriert hat (»Kontakt«).*

Nach 19 Minuten und 8,4 Kilometern waren Josy und ich zurück in der Wohnung.

Nach ein paar Stunden war es 19 Uhr und Sven kam von der Arbeit nach oben in die Wohnung, zog die Arbeitsuniform aus und spielte am PC ein paar Videospiele.

Irgendwann war es 20 Uhr und ich bekam von Josy meine Tablette und ging auf der Couch schlafen.

Am nächsten Morgen fuhren Josy und ich mit dem Zug zum Hauptbahnhof.

Nach 2 Stunden erreichten Josy und ich den Hauptbahnhof. Wir gingen die Treppe nach unten zum
Parkplatz, wo Mama auf mich wartete.

»Hallo, Maik! Hallo Josy!«, begrüßte Mama uns.

Wir fuhren nach Hause und redeten dabei über den
Urlaub.

*Ach ja, das war doch ein schöner Urlaub mit Josy
und Sven*, sagte ich in meinen Gedanken.

»Maik auf dem Sofa – zwei Tage Urlaub zwischen Cola, Konsole und Kontrolle«

Andere Kinder fahren in den Ferien ans Meer. Maik fährt mit einer alten Couch zu Josy und Sven – und bleibt dann direkt zwei Tage dort.

Was für andere ein Spontanbesuch wäre, ist für Maik eine logistische Mission mit Halteplan, Einrichtungsphase und Cola-Flaschen-Kontrolle.

Und das beginnt schon vor der Abfahrt: Anhänger leihen, Rückleuchten prüfen, Gepäck sichern – Maik beschreibt alles in Echtzeit, inklusive Pfeiferei von Benny und Reaktion der genervten Mama.

Denn was bei anderen Familien im Stress untergeht, nimmt Maik als messbare Realität wahr. Jeder Ton, jeder Satz, jede Strecke zählt.

Nach exakt 1 Stunde, 26 Minuten und 121,6 Kilometern ist das Ziel erreicht – das blaue Haus.

Und dann? Dann beginnt ein »Miniurlaub«, wie ihn sich neurotypische Kinder wohl kaum vorstellen: Sofa aufbauen, einkaufen gehen mit klarer Uhrzeit, PS4 zocken und PC erklären (»Personal Computer«, wie Maik anmerkt).

Und – ganz wichtig – auf der neuen Couch schlafen. Doch das ist nicht »nur chillen«. Für Maik ist es eine Gelegenheit, sich in einem neuen Setting neu zu strukturieren.

Er scannt die Abläufe. Beobachtet die Reaktionen. Und integriert sich in die Ordnung der anderen – ohne sich selbst zu verlieren.

Fachlicher Blick

Faktenbasierte Erzählweise statt emotionaler Beschreibung: Kein »Ich habe mich wohlgefühlt«, sondern: »Wir spielten an der PlayStation 4.«

→ er beschreibt was passiert, nicht wie es sich anfühlt – typisch autistische Verarbeitungsstrategie.

Ritualisierung von Alltagshandlungen: Packen, Cola holen, Schlafplatz vorbereiten – alles folgt einem Plan.

→ diese Wiederholbarkeit gibt Sicherheit[1]

---

[1]   vgl. Grandin 2014, Bogdashina 2010

<u>Rückzugsverhalten durch Alltagsintegration:</u> Statt zu sagen »Ich brauche Ruhe«, nutzt Maik Spielkonsole, Couch und Cola als Regulationsmittel.

→ Dabei bleibt er sozial anwesend – ohne sich zu überfordern

<u>Detailgenaue Reisebeschreibung:</u> »Nach 121,6 Kilometern erreichten wir...« – das ist kein Small Talk, sondern Selbstverortung in Raum und Zeit.

→ diese Form der Orientierung hilft autistischen Kindern, Übergänge zu bewältigen[2]

Warum ist das so?

Weil für Maik nicht die Menschen im Mittelpunkt stehen – sondern die Ordnung zwischen ihnen.

Er analysiert, wie Dinge ablaufen. Er bewertet, ob sie zuverlässig sind. Und er findet so seinen Weg, in einer lauten Welt leise stabil zu bleiben.

Während andere das Sofa als Möbelstück sehen, ist es für Maik eine temporäre Sicherheitszone – ein Ort zum Schlafen, Beobachten, Planen.

Und ja, auch zum Cola trinken und Zocken. Aber eben mit Sinn.

---

[2] vgl. Frith 2006

Fazit

Kapitel 6 zeigt, wie Maik selbst kurze Aufenthalte nutzt, um sich selbst zu stabilisieren. Er braucht keine Riesenabenteuer.

Er braucht: Planung, Technik und eine klare Couchkante.

Und schon ist er bereit, in fremder Umgebung eigenständig zu bleiben.

Tipp für Eltern

»Urlaub« muss nicht lauter, bunter, weiter sein. Manche Kinder brauchen: eine Couch, auf der sie sich zurechtlegen dürfen. Eine Cola, die nicht plötzlich warm ist. Und eine Spielkonsole, die sie kennen.

Erwarte keine Freudensprünge. Erkenne leise Stabilität als Erfolg.

Und vergiss nie:

Ein Kind, das nachts ruhig auf einem fremden Sofa schläft, hat oft viel mehr geschafft als ein Kind, das am Strand ins Wasser springt.

Maiks 14. Geburtstag im Center Parcs Belgien

Vorwort 7

Guten Tag zusammen, Leute.

In Kapitel 7 werden wir meinen 14. Geburtstag feiern.

Ich werde sehr schöne Geschenke bekommen, wir werden in der Spielhalle spielen, schwimmen und Raclette essen.

Holt schnell die Badehosen, die Spieletickets oder die Geschenke raus und lasst uns feiern.

Euer Maik

A.K.A Maiki.

Figuren: Maik, Mama, Papa, Stella, Herr K, Frau R, Frau G

Es war ein schöner Freitag am 28. Juni 2024, als ich zu Mama und Papa ins Wohnzimmer kam. Ich öffnete mein Geschenk und hinauskam: ein neues Handy für mich, das Samsung Galaxy S21.

Mama fuhr mich um 6:50 Uhr zum Busbahnhof, wo ich mit Stella in der S10 zur Schule fuhr. Ich hatte eine Tüte voll mit Bechern mit Süßigkeiten für Stella, Herr K, Frau G und meine Klassenkameraden und Klassenkameradinnen.

Alle gingen zum Musikraum C004 und warteten auf Herrn K. Irgendwann kam Herr K und wir gingen in den Musikraum. »Herr K, heute hat Maik Geburtstag und wir sollten unbedingt für ihn singen!«, sagte ein Kind zu Herrn K und wir sangen für mich: »Happy Birthday to you! Happy Birthday to you! Happy Birthday lieber Maik! Happy Birthday to you.«

»Kinder, morgen ist ja der Auftritt und wir machen heute die General-Probe für den Auftritt am Samstag. Also proben wir noch ein letztes Mal, dann treten wir alle Morgen auf«, sagte Herr K und alle probten im Musikraum und bei der Bühne im Foyer, bis 8:45 Uhr.

Danach gingen wir zum Klassenraum A108 und starteten mit dem Englischunterricht.

»Everyone please stand up to greet us!«, sagte Frau R, unsere Englischlehrerin. »Good morning everyone!«

Wir antworteten: »Good morning, Mrs. R!«

»Okay, sit down please!«

Nach einer Stunde und 5 Minuten war es 9:50 Uhr und alle gingen in die Pause.

Nach 25 Minuten war die Pause vorbei und alle gingen zurück ins Klassenzimmer und bereiteten sich vor, weil nächsten Freitag die Zeugnisse verteilt wurden.

Nachdem Frau G und Herr K in den Klassenraum kamen, wurde alles für das neue Schuljahr vorbereitet und die Bücher der 6. Klasse wurden zurückgebracht.

»Marc, Jason, Mika S, Paul, Mika H, Aleyna, Luis S, Sophia, Luis P, Mila, Max, Mia, Stacey Lucas, Ben, Phil, Leonie, Ilona, Henrik, Lina, Fabienne, Stella und unsere besten Klassenlehrer Herr K und Frau G!«, sagte ich und verteile an alle die Süßigkeiten. Sogar an Stella, Herr K und Frau G!

Nach einer Stunde war es 11:20 Uhr und Stella brachte mich nach unten zum Parkplatz neben der

Schule, wo Mama und Papa schon mit dem Auto, Essen von McDonald's und einem Kofferraum voll mit Koffern und verpackten Geburtstagsgeschenken, warteten.

»Okay, Maik. Ich wünsche dir und deiner Familie einen schönen Urlaub im Center Parcs!«, sagte Stella und verabschiedete sich von mir, während ich mit Mama und Papa in den Urlaub fuhr.

»Hier, Maik. Papa hat dein neues Handy für dich eingestellt. Und weil du ja bestimmt etwas essen musst, haben wir dir was von McDonald's mitgebracht«, sagte Mama zu mir und die Fahrt nach Center Parcs in Belgien ging los.

Nach 2 Stunden, 33 Minuten und 217 Kilometern erreichen wir die Grenze zu den Niederlanden und fuhren weiter nach Belgien.

»Guten Tag, wir haben ein Haus für drei Person für zwei Nächte, also für das ganze Wochenende«, sagte Papa zum Mann an der Schranke. Er gab uns drei grüne Armbänder und wir fuhren durch die vielen Straßen, bis wir unser Ferienhaus fanden.

Sofort als Mama, Papa und ich unsere Koffer auspackten, nahmen Mama und ich unsere Schwimmsachen und gingen zum Schwimmbad *Aqua Mundo*. »Wir vergnügen uns beide im Schwimmbad«, sagte ich zu Mama und wir gingen rutschen bei einer Wildwasserrutsche. Eine Große in hellbraun, eine Grüne daneben und eine Schwarze im ganz obersten Stock.

Nach 2 Stunden sagte Mama zu mir: »Maik, sollen wir langsam zum Ferienhaus gehen? Deine anderen Geschenke warten auf dich, sonst macht Papa sie auf.«

»Wie bitte? Dann lasst uns zurück zum Ferienhaus gehen, Mama«, sagte ich aufgeregt und wir gingen uns abduschen, zogen uns um, föhnten unsere nassen Haare trocken und gingen zu Fuß zurück zu unserem Ferienhaus, wo schon alles mit Ballons, Girlanden, einem Kuchen, mit besonderen Kerzen, geschmückt war. Die Kerzen konnten Happy Birthday singen.

Ich packte meine Geschenke aus: eine Smartwatch von Samsung, Mini Edgar, das Schwein von Paluten und gleichzeitig Palutens bester Freund und Mini

Evil. Paluten und Palutens Zwillingsbrüder sehen sich sehr ähnlich, nur mit grüner Haut wie bei einer Wassermelone.

»Komm, Maik, lass uns eine Geburtstagsumarmung fürs Fotoalbum machen«, sagte Papa glücklich. Wir machten eine süße Umarmung fürs Fotoalbum und Mama machte ein Foto davon.

Als ich mir meine Geschenke anguckte, bekam ich bei Mini Evil Paluten und Mini Edgar zwei verschiedene Autogrammkarten:

Einmal einen Reitschein mit »Freedom Verkehrsamt« und einem Stempel von Paluten.

Beim Mini Evil Paluten ist es eine Autogrammkarte dabei, die aussieht, wie ein Verbrecherfoto. Auf der Karte stand: »Gesucht! Entflohener Häftling. Etwa 35 cm groß. Freedom Police Departement. Mini Evil Paluten 31102021«.

»Okay wollen wir jetzt zur Spielhalle *Gametown* gehen?«, fragten Mama und Papa.

Ich antwortete: »Ja klar.« Somit gingen Mama, Papa und ich zur Spielhalle und stellten unsere Spielversuche auf die Probe.

Ich bekam aus einem Greifautomaten eine weiße, süße Katz, die in einem erdbeerroten Bubble Tea steckte. Dann versuchte ich, an einem Gerät 1000 Tickets zu gewinnen, aber leider daneben. Statt 1000 Tickets bekam ich 25-50 Tickets, aber man muss nicht 1000 Tickets bekommen, manchmal bekommt man Pech.

Mama und Papa versuchten an einer Maschine durch Auffüllen vieler Münzen, grüne und rote Coins und eine Karte zu bekommen.

»Guck mal, Maik. Da ist was, wo du Bälle in die Löcher werfen musst, ehe die Zeit abläuft, und dann gewinnst du Tickets. Du kannst dein Bestes geben«, sagte Mama und zeigte mir das Spiel. Wir versuchten innerhalb kürzester Zeit so viele Bälle wie möglich in die Löcher zu werfen, aber leider bekam ich nur 100 Tickets.

»Okay, Mama. Lass mich auch mal an der Maschine so viele Silbermünzen wie möglich in die Lücken schießen, um fürs Umtauschen Münzen oder Karten zu bekommen«, sagte ich zu Mama. Ich versuchte ein paar Mal, die Lücken mit Münzen auszufüllen, damit ein paar Münzen in den Behälter landeten. »Okay, langsam wird es spannend. Ein paar Silbermünzen, grüne und rote Münzen landeten schon im Behälter«, sagte ich zu Mama.

Nach 1 Stunde war der Behälter bis zur Hälfte voll und wir lösten die Münzen an der Kasse.

»Okay, ich gehe dann zum Ferienhaus und ihr spielt weiter in *Gametown*«, sagte ich zu Mama.

Sie sagte: »Okay, Maik. Schreib mir oder ruf mich an, wenn du beim Ferienhaus bist.«

Als ich das von Mama hörte, ging ich mit meiner Katze, die im Bubble Tea mit einer Erdbeere saß, zum Ferienhaus zurück.

Nach ein paar Stunden kamen dann auch endlich Mama und Papa zurück, die ein bisschen erschöpft waren.

Am nächsten Morgen wurden Mama, Papa und ich wach. Mama und ich nahmen unsere Schwimmsachen und gingen, wie gestern, zum Schwimmbad *Aqua Mundo*.

Nach 4 Stunden gingen Mama und ich wieder zurück zum Ferienhaus und gingen nach 30 Minuten wieder zur Spielehalle *Gametown* und spielten wieder ein paar Spiele.

»Du, Maik. Wenn du es geschafft hast, eine Katze in einen Bubble Tea für dich zu gewinnen, meinst du, dass du für mich auch so eine Katze oder einen Dinosaurier oder irgendwas fangen kannst?«, fragte Mama.

Ich antwortete: »Ja klar, Mama. Ich kann mein Bestes versuchen. Gib mir 3 Versuche, um eine Katze oder einen Dinosaurier zu fangen.«

Mama hielt die Karte von *Gametown* vor das Kartenlesegerät und ich versuchte mein Bestes, bis ich eine Katze in einem Bubble Tea mit Ananas fing.

»Okay wollen wir jetzt zur Bowlingbahn?«, fragte Papa.

»Ja, ich kanns nicht abwarten, ein paar Pins abzuschießen!«, sagte Mama.

»Hallo, wir drei würden Bowling spielen und irgendwann noch Getränke bestellen«, sagte Papa und wir nahmen uns drei Schuhe fürs Bowling in drei unterschiedlichen Schuhgrößen. Wir sprühten sie mit hochwertigem Desinfektionsspray ein, damit es 99% aller Bakterien abtötet, die für unseren ekeligen Fußgeruch verantwortlich sind.

Wir schrieben unsere Namen auf die Tafel und es ging los. Als Erstes erschien MANN_THORSTEN auf der Anzeige. Er nahm sich eine mittelschwere Kugel, warf sie, sie rollte und traf die Hälfte aller Pins.

»Maik, ich sage dir, wie lange wir Bowling spielen. Bis wir 10 Runden erreichen, Okay?«, sagte Mama mir.

Als Nächstes stand FRAU_SANDRA auf der Anzeige, also war sie an der Reihe. »Okay, Leute, jetzt seht mal, wie ich alle Pins umschmeiße«, sagte Mama, nahm sich eine schwere Bowlingkugel, sie rollte und warf alle Pins um.

»Schönen guten Abend, was darf es zu trinken sein?«, fragte die Kellnerin und wir antworteten:

»Ich nehme eine Cola Original.«

»Ich nehme ein Bier von Störtebeker.« »Und ich nehme ein Glas Rotwein mit einer Zitronenscheibe.«

»Okay kommt sofort«, sagte die Kellnerin.

Auf der Tafel erschien nun MAIK_SOHN. Das heißt, ich war an der Reihe.

»Okay, Mama und Papa. Jetzt bin ich dran«, sagte ich. Mama stellte mir eine Rampe hin, die aussah wie ein Krokodil. Ich legte die Kugel drauf, schubste sie an, sie rollte und traf ein Viertel der Pins. Aber ein paar Punkte gab es.

»So, die Herren und die Dame. Hier sind Rotwein, Cola und Bier«, sagte die Kellnerin und gab uns von einem Tablett die Getränke.

Wir spielten weiter Bowling.

»Mama, ich gehe wieder zum Ferienhaus und ihr spielt ohne mich weiter Bowling, Okay?«, sagte ich zu Mama. Ich ging zurück zum Ferienhaus und machte es mir gemütlich.

Nach 4 Stunden kamen endlich Mama und Papa wieder nach Hause und wir machten ein leckeres Raclette mit Würstchen, Burgerfleisch, Käse und anderen leckeren Speisen.

Auf einmal erschien auf unserer Terrasse ein gro-ßes Kaninchen. »Okay, lasst uns noch ein paar Songs anhören und dann gehen wir alle schlafen. Morgen fahren wir nämlich nach Hause und nach Roermond ins Outletcenter«, sagte Papa und star-tete seine Musikbox von *Bose*. Nach 2 Stunden wur-den Mama, Papa und ich müde und gingen ins Bett.

Am nächsten Morgen standen Mama, Papa und ich auf und packten unsere Koffer. Vor der Fahrt gingen wir noch mal in die Spielhalle *Gametown* und spielten ein paar Spiele. Mama holte mir von den Tickets ein ferngesteuerten Lamborghini, auch kurz Lambo.

Wir gingen zurück zum Ferienhaus, nahmen unsere Koffer und packten sie ins Auto.

»Guten Morgen, hier die Armbänder zurück«, sagte Papa und gab die 3 Armbänder dem Mann an der Schranke zurück.

Nach 3 Stunden, also 15 Kilometern, erreichten Mama, Papa und ich das Outletcenter in Roermond und gingen shoppen.

Nach 6 Stunden kauften Mama, Papa und ich 3 Paare Schuhe von *Puma*, ein paar Pullover von *Puma*, eine Jacke für 20 € statt 60 € und ein paar T-Shirts und Socken von *Jack & Jones*. Außerdem auch Schuhe von *Sketchers* in einem wunderbaren Rucksack, mit dem Logo von *Sketchers* drauf, und weitere Sachen.

Nach 1 Stunde und 37 Minuten über die A52 erreichten Mama und ich unser Zuhause. Wir sortierten unsere Souvenirs unseres Urlaubes.

»Ah, wie schön. Das war doch ein schöner Geburtstag in der Schule und im Center Parcs in Belgien«, sagte ich und machte mir Gedanken über meinen Geburtstag und unseren Urlaub in Belgien.

Belgien ist 546,3 Kilometer von Deutschland entfernt und dauert mit dem Auto über die A3 und die A4 etwa 5 Stunden und 49 Minuten. Die Hauptstadt von Belgien ist übrigens Brüssel.

»Maiks 14. Geburtstag im Center Parcs – Struktur, Spiel und stille Stärke.«

Maiks Geburtstag beginnt nicht im Center Parcs. Er beginnt – in der Schule.

Denn, obwohl wir am Freitag bereits in den Kurzurlaub starten, ist Maik vormittags im Unterricht.

Und das ist ihm wichtig.

So wichtig, dass er in seinem Abenteuerbuch detailliert berichtet, wie sein Schultag verlief – bevor der Geburtstag überhaupt losgeht.

Für andere Kinder wäre das »egal«. Für Maik ist es ein fester Bestandteil des Tages.

Er will den Stundenplan erfüllen, Pflichten einhalten, sein inneres System vollständig starten – bevor das Erlebnis beginnt.

Dann geht's los: Center Parcs. Ankunft. Bowling. Gametown. Tradition. Struktur. Freude.

Bowling ist fest verankert – wie Raclette, wie Greifautomat, wie Cola.

Maik freut sich. Er spielt. Er beobachtet.

Und dann passiert etwas Kleines, aber dennoch sehr Großes:

»Mama, ich gehe wieder zum Ferienhaus und ihr spielt ohne mich weiter Bowling, Okay?«

Das ist nicht nur ein Satz.

Das ist ein Statement.

Denn Maik liebt Bowling.

Aber er liebt auch seine Ordnung. Und sein Nervensystem ist leergelaufen.

Nach Schule, Reise, Action, Reizüberflutung und Emotion, zieht Maik eine Grenze.

Nicht trotzig. Nicht laut. Nicht dramatisch. Sondern mutig. Und klug.

Er verlässt das Bowlingcenter und geht alleine zum Haus.

Er wählt Rückzug statt Zusammenbruch.

Fachlicher Blick

Schulbesuch vor dem Urlaub: Für viele autistische Kinder ist der rhythmische Tagesablauf ein Anker.
Selbst wenn direkt danach ein großartiges Ereignis ansteht, hilft der gewohnte Ablauf (wie Schule), um emotional stabil zu bleiben.
Maiks Erwähnung zeigt: Der Tag beginnt erst, wenn der Plan erfüllt ist.

Rückzug beim Bowling: Der Satz »Ich geh zurück ins Haus« ist ein Zeichen von hoher Selbstwahrnehmung.
Maik merkt: »Ich kann nicht mehr« – und reagiert.
Laut Prof. Dr. Christine Preißmann ist das ein Zeichen für fortgeschrittene Selbststeuerung bei Autisten.

Handlung statt Gefühlssprache: Maik sagt nicht »Ich bin überfordert«. Er sagt: »Ich geh jetzt.«
Das ist typisch im Autismus-Spektrum: Emotionen werden über das Verhalten ausgedrückt, nicht über Worte.

Warum ist das so?

Autistische Kinder wie Maik denken in Mustern, Abläufen, Sicherheiten.

Die Schule gibt ihm am Morgen Struktur.

Das Bowling gibt ihm Verlässlichkeit.

Und der Rückzug? Der gibt ihm Frieden.

Das alles zu vereinen ist Schwerstarbeit. Und Maik schafft es – weil er sich selbst kennt. Er kämpft nicht gegen die Reizflut – er steuert sie.

Auf seine Weise.

Still. Effektiv. Und beeindruckend.

Fazit

Maik feiert Geburtstag nicht mit Ballons, sondern mit System.

Er erfüllt seinen Stundenplan.

Er befolgt seine Rituale.

Und wenn der Akku leer ist – dann geht er.

Das ist keine Marotte. Das ist Selbstschutz. Und das ist eine großartige Leistung.

Tipps für Eltern

1. Feier auch das, was andere nicht sehen: Wenn dein Kind morgens zur Schule will, obwohl Urlaub wartet – erkenne den Wert darin. Struktur zuerst, dann Erlebnis.

2. Wenn dein Kind sich aus der Feier zurückzieht: Feiere die Selbstregulation, nicht die Abwesenheit. Frag nicht: »Warum bist du gegangen?« – sondern:

→ »Wie gut, dass du gespürt hast, wann Schluss war.«

Denn: Nicht jedes Kind pustet Kerzen aus. Manche löschen die Reizflamme – und bleiben damit bei sich.

Maik bekommt sein Zeugnis und darf nach der Schule shoppen

Hallo liebe Leute.

Herzlich willkommen.

In diesem Part war ich in der Klasse 6a und da bekamen meine Klasse und ich von Herrn K und Frau G Zeugnisse.

Und ich durfte am Ende allein bei *Tedi* und *Woolworth* shoppen.

Holt die Mappe oder euren Geldbeutel raus, denn es geht abenteuerlich los.

Euer Maik

A.K.A Maiki.

Figuren: Maik, Stella, Herr K, Frau G, Mama

Es war ein schöner Freitagmorgen, als ich mit Stella im Bus zur Schule fuhr.

Nach 15 Minuten erreichten wir die Schule. Als es 7:45 Uhr war, gingen wir zum Klassenraum A108. Dort machten wir aus den Tischen eine Tafel, wie bei einer Hochzeitstafel nur, dass wir Zeugnisse bekamen. Wir verteilten Brötchen, Nutella und einige Getränke wie Wasser und verschiedene Säfte wie Apfel- und Orangensaft.

Nach ein paar Minuten rief Herr K: »Kinder, seid jetzt mal kurz ruhig. Wir gucken uns jetzt das Abschlussvideo von der Klassen 6a an. Wenn ihr wollt, können wir uns danach noch das alte Video von der Klasse 5a angucken. Nach den Videos bekommt ihr eure Zeugnisse.«

Wir guckten uns das Video an, wo wir im Schulgarten waren und ein Sommerfest mit den Lehrern und Eltern machten. Ich backte mit einigen Kindern in Hauswirtschaft, kurz: HW, ein paar Waffeln. Im Kunstraum bastelten wir etwas, was einem Wald ähnelte. Im Erstehilfekurs übten wir die Prüfung der Atmung, die stabile Seitenlage und die Reanimation. Übrigens: Bewusstlose Personen müssen von der Rückenlage in die stabile Seitenlage gebracht werden, weil sonst droht, dass die Zunge nach hinten rutscht oder die Person an eigenem Erbrochenen erstickt. Schwangere bewusstlose aber links und nicht nach rechts, damit die Vena Cava, die Unterhohlvene, entlastet wird. Puls ertasten macht man, indem man dort, wo der Daumen endet, mit zwei Fingern fühlt. Wir machten in der Turnhalle, auch Sporthalle, ein großes Weihnachtsturnier mit Brennball. Auf der Bühne im Foyer, auch Aula genannt, hatten wir einen Auftritt mit *Eye of the Tiger* und *Roar*. Wir feierten Weihnachten in der Schule und Herr K sah mit der Weihnachtsmütze und dem Spruch *»Ho, ho, ho«* cool aus. Wir probten *Merry Christmas everyone* und Herr S, unser Schulleiter, auch Direktor genannt, war auch mit dabei. Wir sangen zwei Männern vom VKU den Bussong *Wir fahren mit dem Bus* vor. Auf Klassenfahrt zum Radio sangen wir *Save your tears* und eine andere Klasse sang *Shut up and Dance*. Wir machten einen kleinen Spaziergang zu einer Eisdiele und zum Schluss machten wir ein Foto vor einer Kirche als Erinnerung.

Nach den Videos guckten wir uns das erste Video von der Klasse 5a an: Wir machten eine

Klassenfahrt zum Ketteler Hof. Wir feierten Weihnachten im Schulgarten, machten einen Schulauftritt auf der Bühne im Foyer, auch Aula genannt und schossen ein Foto vor einem Polizeiauto.

Wir schmückten einen Weihnachtsbaum mit dem Gesicht vom giftgrünen Grinch, der jedes Jahr Weihnachten hasst. Wir liefen Schlittschuh und machten von der Einschulung ein Klassenfoto.

Nach dem Video der 5a bekamen wir unsere Zeugnisse.

<u>Hier sind meine Noten:</u>

Deutsch = 2

Evangelische Religion = 4

Englisch = 2

Kunst = 2

Musik = 3

Gesellschaftslehre, GL = 4

Mathematik, Mathe = 3

Naturwissenschaft, NW = 3

Hauswirtschaft, HW = 3

Technik = 4

Sport = 4

Informatik, Info = 3

Meine versäumten Stunden: 139 Stunden und davon unentschuldigt: keine Stunden. Auf der Rückseite stand, dass ich in Mathe in den G-Kurs komme und bei Englisch in den E-Kurs.

Nach ein paar Minuten war es 10 Uhr und wir gingen nach Hause und genossen sechs Wochen die Sommerferien.

Nur ich ging begeistert in die Stadt und kaufte mir ein paar Sachen im *Tedi* und bei *Woolworth* von meinem Geburtstagsgeld von Fiona, Oma und Tante Anja.

Nach ein paar Minuten war es 11:20 Uhr und in dem Moment, als ich Mama anrufen wollte, um mich abzuholen, kam sie schon direkt mit unserem Auto und parkte das Auto auf dem Parkplatz beim Stadthaus. Ich stieg mit meiner Tasche, in der mein Zeugnis war, und meinen neuen Sachen zu Mama ins Auto.

Wenig später waren Mama und ich zu Hause angekommen und ich machte mir Gedanken über das Abschlussvideo der 5a und 6a und über meine Noten auf meinem Zeugnis.

»Maik und der Schulalltag – Zwischen Stunden-plan, Zeugnis und Woolworth«

Andere Kinder sagen: »Endlich Ferien!« Maik sagt: »Es ist 10 Uhr, wir haben unser Zeugnis erhalten, ich hatte 139 Fehlstunden, davon null unentschuldigt – und jetzt gehts zu Woolworth.«
Denn was für andere das Ende des Schuljahres ist, ist für Maik ein feinsäuberlich geplanter Ablauftag mit Bilanz, Rückblick und anschließendem Konsum zur emotionalen Regulierung.
Er schreibt seine Noten nicht einfach auf – er systematisiert sie. Deutsch 2, Religion 4, Englisch 2 ... alles notiert, alles festgehalten. Keine Bewertung, kein Ärger, keine Euphorie – sondern die sachliche Archivierung eines Istzustands.
Wo andere Kinder mit rot gefärbten Wangen die vier in Mathe erklären (»Der Lehrer hasst mich«), analysiert Maik: »Ich komme in Mathe in den G-Kurs, in Englisch in den E-Kurs.«
Das ist kein Kommentar. Das ist eine logistische Feststellung.

Und dann – fast beiläufig – geht Maik in die Stadt.
Nicht um zu feiern. Nicht um aus Frust zu shoppen.
Sondern, weil er es so geplant hat.
Tedi, Woolworth, Geburtstagsgeld umsetzen in
Ordnung, Auswahl, Besitz.
Er kauft sich Dinge. Nichts Exotisches. Aber etwas
Greifbares. Klar Definiertes. Kontrollierbares.
Ein Übergangsritual – von Schulstress zu Ferienmo-
dus. Nur eben auf Maik-Art.

Fachlicher Blick

Struktur statt Stimmung: Maik schildert den Tag
nach Uhrzeiten, Abläufen und Ereignissen, nicht
nach innerer Gefühlslage.
→ das entspricht einer reiz- und logikorientier-
ten Reizverarbeitung[3]
Umgang mit Bewertungssystemen: Kein emotionaler Bezug zu Noten, sondern: kategorisierte, sachlich gegliederte Auflistung.

---

[3]   vgl. Frith 2006, Attwood 2007

→ autistische Kinder erleben schulische Leistung oft ohne Ego-Verknüpfung – sie sehen Ergebnisse, keine Urteile.

Selbstregulation durch Konsumrituale: Der Einkauf nach der Zeugnisausgabe ist keine Belohnung, sondern ein Übergangsanker.

→ etwas Eigenes aussuchen, kaufen, besitzen = Kontrolle zurückgewinnen nach der Fremdbewertung.

Feinfühlige Reaktion auf Systemveränderung: Die Kurswechsel in Mathe und Englisch werden nicht als Auf- oder Abwertung empfunden, sondern als neue Koordinaten im System Schule.

Warum ist das so?

Weil Maik nicht bewertet, sondern einordnet. Noten sind für ihn Zahlen mit Systemfunktion, nicht Stolz oder Scham. Der G-Kurs ist nicht schlimmer als der E-Kurs – er ist ein anderes Feld mit anderen Parametern.

Und genau das ist ein Kernelement vieler autistischer Denkweisen: Objektivierung statt Emotionalisierung.

Was andere Kinder nervös macht, macht Maik ruhig – solange er weiß, was kommt.

Die klare Reihenfolge der Ereignisse, das strukturierte Zeugnis, das geplante Nach-dem-Zeugnis-Event. Das alles schützt ihn vor Überforderung und stabilisiert seine innere Ordnung.

Fazit

Maiks Kapitel über den Schulalltag ist kein Bericht über Lieblingsfächer oder Lehrer.

Es ist eine dokumentarische Erfassung eines Systems, das er nicht emotional interpretiert, sondern systematisch durchläuft.

Dabei ist Maiks Art der Selbstorganisation bemerkenswert und oft unterschätzt. Wer glaubt, Struktur sei starr, sollte sehen, wie beweglich Maik im System agiert, solange das System ihm Klarheit gibt.

Tipps für Eltern

1. <u>Noten sind nicht alles:</u> Für manche Kinder sind sie einfach: Daten. Nimm Noten ernst – aber nicht persönlich.

→ Frage nicht: »Warum hast du eine Vier?«, sondern: »Was brauchst du, damit Mathe leichter wird?«

2. <u>Feiere nicht nur Einsen – feiere Einsicht:</u> Wer 139 Fehlstunden dokumentiert – aber keine unentschuldigten, hat mehr Überblick als viele Lehrer.

3. <u>Baue Rituale rund um Übergänge ein:</u> Zeugnisse? Dann vielleicht ein gemeinsames Essen. Oder – wie bei Maik – ein kontrollierter Kauf.

4. <u>Nutze die sachliche Sicht deines Kindes:</u> Sie bietet oft einen klareren Blick als das Auf und Ab unserer emotionalen Welt. Denn: Wer sein Zeugnis sortiert, statt sich von ihm sortieren zu lassen, hat Schule längst verstanden.

Die Sommerferien sind vorbei. Maik wandert von der 6. in die 7. Klasse

<u>Vorwort 9</u>

Hallo Leute.

Heute ist die Geschichte, wo ich in die 7. Klasse kam. Also ich kam in die 7a.

Macht euch auf was Großartiges gefasst.

Euer Maik

A.K.A Maiki.

Figuren: Maik, Mama, Stella, Herr K, Frau G, Frau H, Frau S, Max, Gabriel, Maximilian, Marc

Es war ein schöner Tag am 21. August 2024, als die Sommerferien vorbei waren. »So, Maik. Ist alles gepackt?«, fragte Mama und ich antwortete: »Ja, Mama.«

Sofort fuhr Mama mich, wie jede Woche, zum Hauptbahnhof, damit ich mit Stella und der Linie S10 zur Schule fahre.

Um 7:45 Uhr klingelte es und alle Schülerinnen und Schüler gingen zu den Klassen- und Fachräumen und ich traf vor dem Klassenraum A108 meine Klassenkameraden.

»Hallo, Henrik, Sportsfreund. Wie waren deine Sommerferien?«, fragte ich. Nach ein paar Minuten kamen Herr K und Frau G und schlossen uns den Klassenraum auf.

»Okay, alle bitte einen Stuhlkreis machen. Die Erzählung der Sommerferien beginnt«, rief Herr K und alle schoben die Tische bei Seite und machten mit den Stühlen einen Stuhlkreis.

»Kinder, heute werden wir erzählen, was wir in den Sommerferien erlebt haben. Wer genau das erlebt hat, was das Kind vorher erzählt hat, muss aufstehen und einen anderen freien Sitzplatz suchen«, erklärte Herr K.

Marc fing direkt an zu erzählen: »Ich war im Solebad.« Marc und einige Kinder standen auf und suchten sich einen freien Sitzplatz.

»Ich war in Thailand und sah ein paar Elefanten«, erzählte Herr K uns. Nach 30 Minuten war es vorbei und Herr K und Frau G sagten: »Ihr wundert euch ganz bestimmt, warum zwei Jungs bei uns in der Klasse sind. Wir haben zwei neue Schüler. Dürfen wir euch vorstellen: Das sind Maximilian und Gabriel.« Alle begrüßten Maximilian und Gabriel.

»Wir möchten euch noch mitteilen, dass heute der erste Schultag bis 13:05 Uhr stattfindet. Mathe, Englisch und Musik finden normal statt. GL fällt heute für euch aus und findet erst morgen statt. Die Kinder, die im Mathe-G-Kurs sind, die machen bei Frau S Mathe hier im Klassenraum A108. Die Kinder, die im Englisch-E-Kurs sind, die machen bei Frau H im Raum B037 Englischunterricht. In ein paar Wochen müsst ihr bei mir die iPads, die eure Eltern bestellt haben, abgeben. Irgendwann werdet ihr das erste Mal mit euren iPads arbeiten. Ihr braucht auch einen Stift und eine Tastatur dafür. Eure Wahlfächer Französisch, NW, Technik, Informatik und Hauswirtschaft sind auch auf dem Stundenplan«, berichtete Herr K und verteilt uns allen die neuen Stundenpläne.

»Oh nein. Montag, Mittwoch und Donnerstag sind ja 7 Stunden lang Schule. Das darf doch wohl nicht wahr sein«, sagte ich erschrocken, als ich mir den Stundenplan anguckte.

Nach ein paar Minuten war es 9:50 Uhr und wir gingen in die Pause auf den Schulhof.

Nach 20 Minuten war die Pause vorbei und einige Kinder von meiner Klasse gingen zum Klassenraum A108, wo Frau S kam, und uns den Klassenraum aufschloss.

Nach 1 Stunde war 11:20 Uhr und Englisch begann. Stella und ich gingen nach unten zu Raum B037.

Nach 1 Stunde war es 12:20 Uhr und eigentlich ist immer für 40 Minuten große Pause aber, weil heute nur bis 13:05 Uhr Schule war, war die Pause nur 15 Minuten lang.

Nach 15 Minuten war es 12:35 Uhr und statt zum Musikraum gingen wir zum Klassenraum A108. Dort machten wir mit Herrn K ein paar Songs auf Spotify an. Die Playlist »Klassenfahrt 7a« für die Klassenfahrt zu Nordsee. Uns fielen *99 Luftballons, der Zug kann nicht bremsen* und *der dicke Dachdecker*, ein Zungenbrecher von Bodo Wartke, ein. Bodo Wartke hat noch weitere Zungenbrecher:

Barbaras Rhabarberbar und *Fischers Fritz fischt frische Fische* oder *Handstand am Sandstrand.*

Nach 30 Minuten war es 13:05 Uhr, der erste Schultag war vorbei und wir gingen nach Hause. Stella ging eher, um den Bus zu erwischen, während ich zu Fuß zum Parkplatz auf der anderen Straßenseite ging, wo Mama mich immer abholte.

Als wir zu Hause waren, dachte ich scharf an meinen ersten Schultag und der Einschulung in die Klasse 7a.

»Wenn Stundenpläne nerven – und Struktur trotzdem rettet.«

Andere Kinder jammern vielleicht leise, wenn die Sommerferien vorbei sind. Maik aber sagt: »Macht euch auf was Großartiges gefasst!«

Denn dieser erste Schultag in der 7a ist für ihn kein Neuanfang mit Bauchkribbeln – sondern ein logistisch vorbereiteter Systemwechsel mit musikalischer Begleitstrategie.

Er beschreibt haargenau, wann der Wecker klingelt, wann Mama fragt, ob alles gepackt ist, wann er mit Stella zur Schule fährt und wann der Gong ertönt.

Zeit ist für Maik keine Orientierung – sie ist sein Anker.

Sein Navigationsgerät durch eine Welt, die sich gerne spontan umentscheidet. Und die – Spoiler! – in der 7a gleich mal mit neuen Namen, neuen Kursen und neuen Räumen um die Ecke kommt.

Da wäre zum Beispiel der Stuhlkreis. Andere denken sich: *Oh nein, Gruppenspiele!*

Maik denkt sich: *Wer redet? Was wird wann ge-sagt? Und wer steht bei welcher Antwort auf?*

Dieser Kreis ist für ihn kein soziales Happening – er ist ein Ablaufplan mit Menschenmöbeln.

Auch beim Stundenplan zeigt sich seine innere Glie-derungsliebe: »Mathe-G-Kurs bei Frau S, Englisch-E-Kurs bei Frau H, GL fällt aus, Schule bis 13:05 Uhr.«

Und als er erfährt, dass drei Tage in der Woche sie-ben Stunden lang sind, ist sein Kommentar fast po-etisch: »Das darf doch wohl nicht wahr sein.« Maik fallen die langen Schultage extrem schwer. Oft kommt er an seine Grenzen oder ist gar nicht in der Lage, den lagen Schultag zu bestreiten. Aber er trägt es mit Fassung.

Im Musikunterricht landet er schließlich bei Bodo Wartkes Zungenbrechern – »Der dicke Dachde-cker«, »Barbaras Rhabarberbar«, »Handstand am Sandstrand«.

Und während andere sich fragen, was das alles soll, entdeckt Maik im Sprachchaos eine Art Systempo-esie.

Fachlicher Blick

<u>Zeitstruktur als Sicherheitsnetz:</u> Maik dokumentiert alle Uhrzeiten minutiös – das ist keine Pedanterie, sondern Selbstvergewisserung.
Veränderte Systeme = erhöhte Wachsamkeit.
→ neue Kurse, neue Mitschüler, neue Räume – für neurotypische Kinder spannend. Für Maik potenziell überfordernd. Seine Lösung: Struktur durch Sprache. Er benennt, was sich verändert und gewinnt dadurch Kontrolle.

<u>Kognitive Einordnung statt emotionaler Verarbeitung:</u> Der Stuhlkreis wird nicht emotional beschrieben, sondern funktional erklärt. Das zeigt ein hohes Maß an kognitiver Distanz – ein typisches autistisches Schutzprinzip bei sozialen Herausforderungen.

<u>Musik als Verarbeitungsform:</u> Dass Maik sich konkret an Bodo Wartkes Texte erinnert, zeigt seine Sprachaufmerksamkeit für Muster, Rhythmus und Wortspiele. Dies kann als Form der Reizkanalisierung verstanden werden – Zungenbrecher als neuronaler Reizfilter.

Warum ist das so?

Für Maik ist Schule nicht nur Lernraum, sondern ein hochkomplexes Interaktionsgeflecht. Ein System mit Regeln, Abweichungen, Überraschungen – und damit ein Dauerstress, wenn er nicht klar gegliedert ist.

Der Übergang in die 7. Klasse ist daher kein kleiner Schritt – sondern ein Balanceakt. Neue Klassenzusammensetzung, veränderte Lehrerstruktur, erweiterte Fachkombinationen und längere Schultage.

Maik begegnet dem mit klaren inneren Checklisten, nicht mit Bauchgefühl.

Fazit

Maik navigiert seinen ersten Tag in der 7a nicht über Menschen, sondern über Pläne. Er braucht keine emotionale Willkommensrunde, sondern eine Uhrzeit, einen Sitzplatz und bitte keine GL-Stunde heute.

Was für andere Kinder Nebensache ist, ist für Maik ein System zur Beruhigung. Und was bei anderen über Gefühl läuft, läuft bei ihm über Struktur.

Tipps für Eltern

Begleite Übergänge nicht emotional – sondern strukturell: Bereite dein Kind frühzeitig auf neue Schuljahre, Klassen oder Kurse vor – mit Bildern, Plänen, Uhrzeiten, Wegen.

Gestalte den ersten Schultag vorhersehbar. Nicht: »Mal schauen, was kommt.«, sondern: »Hier ist dein Stundenplan. Das passiert in der ersten Woche.«

<u>Nimm Äußerungen ernst:</u> »Sieben Stunden? Das darf doch nicht wahr sein!« Das ist keine Marotte – das ist Stressansage mit Stil.

<u>Nutze Stärken zur Selbstregulation:</u> Wortspiele, Playlists, Routinen – sie helfen, sich zu verankern.

Denn: Ein Kind, das sich selbst in neuen Strukturen halten kann, braucht keinen Applaus – sondern Respekt.

Maik, Stella und die Klasse 7a an der Nordsee

Vorwort 10

Guten Tag, Leute.

In diesem Kapitel waren meine Klasse 7a und ich auf Klassenfahrt an der Nordsee, also ein bisschen am Meer. Wir schliefen in einer Jugendherberge.

Holt die Schwimmweste oder das Fahrrad raus, denn es geht ab aufs Meer.

Euer Maik

A.K.A Maiki.

Figuren: Maik, Stella, Mama, Papa, Lucas, Luis S, Henrik, Herr K, Frau G

Es war ein früher Montagmorgen am 9. September 2024, als Mama mich mit Stella und meinem Koffer zur Schule fuhr, wo schon ein Bus, Herr K, Frau G und die Eltern der Kinder standen. Der Busfahrer lud die Koffer der Lehrer und Kinder in den Bus.

»Stella, hier ist Maiks Kulturbeutel mit Zahnpaste, Zahnbürste, Duschgel und Deo drin. Und Maiks Medikamente«, sagte Mama und übergab Stella den Kulturbeutel und meine Medikamente. Nach ein paar Minuten stiegen wir und die Lehrer in den Bus ein und er fuhr los.

Nach ein paar Stunden machte der Busfahrer eine Durchsage: »Liebe SchülerInnen und Lehrer. Gleich werden wir auf einem Rasthof eine Pause machen und ihr könnt euch ein bisschen bewegen. In fünfeinhalb Minuten treffen wir uns wieder beim Bus und die Fahrt geht weiter.«

Nach etwa 6 Minuten kamen wir wieder und ich besorgte mir für die Fahrt eine Dose Cola und eine kleine Dose *Pringles* Sour Cream & Onion.

Nach 2 Stunden und 27 Minuten erreichten wir mit dem Bus den Hauptbahnhof in Emden, wo auch ein Hafen für Fähren ist.

Nach 3 Stunden sagten Herr K und Frau G: »An alle Kinder und Jugendliche. Wir haben die Tickets für die Fähre. Macht euch bitte zum Einsteigen bereit.«

Nach 3 Stunden gingen wir dann auf die Fähre. Einige gingen nach oben aufs Dach, andere sind unten im Inneren und nahmen da Platz.

»Wow! Es ist ganz schön windig hier oben! Ich gehe lieber nach unten zu Herrn K und Frau G, Stella!«, sagte ich bei diesem Wind und ging ins Innere der Fähre. Ich setzte mich neben Herrn K und Frau G. Nach ein paar Minuten kam Stella und setzte sich ebenfalls. Wir spielten spaßig eine Runde *Uno Flip* mit Henrik und Luis S.

Nach 2 Stunden und 45 Minuten erreichte die Fähre den Hafen, wo wir sofort zum Ausgang gingen und auf unsere Koffer warteten. Sofort nachdem wir unsere Koffer bekamen, gingen wir zu Fuß weiter und erreichten die Jugendherberge.

Dort wurden die Zimmerschlüssel verteilt. Ich schlafe bei Luis S, Lucas und Henrik im Zimmer 7001. Wir gingen auf unser Zimmer. Stella begleitete Luis S, Lucas, Henrik und mich und informierte uns: »Wenn irgendwas ist, dann sagt ihr mir das. Ich bin in Zimmer 7009. Oder ihr sagt Herrn K oder Frau G Bescheid, wenn ihr sie im Flur findet.«

Nach einer Stunde kam Herr K zu uns ins Zimmer und sagte: »So, Jungs. Ihr müsst bitte anfangen, eure Betten und Kissen zu beziehen, wenn ihr heute Nacht schlafen wollt.«

Nach ein paar Minuten waren wir fertig damit und zeitgleich kam Herr K zu uns ins Zimmer und sagte: »Das war klasse von euch, Jungs. Kommt ihr bitte zum Abendessen in die Cafeteria? Das heutige Gericht ist heute: Nudeln mit Tomatensoße.«

»Ach ja, Herr K? Bei uns im Zimmer gibt es zwei Fehler und Probleme. Erstens: Die Dusche hat keine Tür zum Zumachen und zweitens: Innen bei der Badezimmertür ist kein Schloss zum Abschließen«, sagte Luis.

Herr K sagte: »Oh, wahrscheinlich ist das so, Luis. Tut mir leid.«

Sofort gingen Lucas, Henrik, Luis S und ich zur Cafeteria, nahmen uns ein Tablett, Gabel, Messer und Teller, holten uns Nudeln mit Tomatensoße und suchten uns einen Platz zum Sitzen.

Nach ein paar Stunden trafen wir uns im Aufenthaltsraum in der Jugendherberge, wo wir den Lehrern unsere Handys abgaben und Herr K und Frau

G noch dazu sagten: »Leute, morgen gehen wir nicht nur shoppen, sondern auch in ein Spaßbad.« Nach ein paar Stunden waren Henrik, Luis S, Lucas und ich müde und gingen zu unserem Zimmer in der Jugendherberge und zogen uns um. Stella kam zu mir, gab mir meine Tablette und ich ging Zähne putzen mit Luis S, Lucas und Henrik.

Am nächsten Morgen wurden Henrik, Luis S, Lucas und ich geweckt durch den Song *Guten Morgen Sonnenschein* von Herrn Kruse und zogen uns an. Ich bekam von Stella meine Tablette und wir gingen zum Frühstück in die Cafeteria. Das heutige zum Frühstück: Brötchen.

Ich nahm mir ein Brötchen mit Nutella und einen warmen Kakao. Nach dem Frühstück gingen wir zu einem Haus, wo es viele Fahrräder gab. Wir bekamen alle Fahrräder zum Verleih mit einem besonderen Schließmechanismus. Danach trafen wir uns im Aufenthaltsraum, wo wir unsere Handys wieder zurückbekamen.

Nach ein paar Stunden fuhren wir mit den Fahrrädern in die Stadt, um ein bisschen zu shoppen. Nach 23 Minuten erreichten wir die Stadt, wo wir bei einem großen Fahrradständer die Fahrräder abstellten. Ich war völlig erschöpft und mir ging auf der ganzen Fahrt die Kraft an den Händen Füßen aus.

Nach ein paar Stunden holte ich mir einen Zauberwürfel von *Rubiks* und ein paar weitere Sachen.

Sofort als Frau G und Herr K uns baten, uns zu versammeln, unterbrachen wir das Shoppen und hörten auf die Anweisungen der Lehrer. Nach den Anweisungen gingen wir zu einem Spaßbad und zogen uns alle um. Nach ein paar Minuten gingen wir in die Schwimmhalle und ich wartete auf Stella, die für das Umziehen ein bisschen länger brauchte. Doch irgendwann kam Stella und wir guckten uns ein bisschen im Spaßbad um.

»Oh, das fühlt sich sehr salzig an, Stella«, sagte ich und wir gingen die Treppen hoch zu einer abgefahrenen Rutsche.

Nach ein bisschen Rutschen fiel mir und Stella auf, dass mein linkes Bein blutete. Als wir das merkten, ging ich zu den Duschen und wusch mit ein bisschen Wasser das Blut ab.

»Geht es, Maik?«, fragte Stella besorgt und ich antwortete: »Ja, aber trotzdem würde ich mich im Liegestuhl entspannen wegen der Blutung, auch wenn es nicht mehr blutet.«

Nach ein paar Stunden riefen die Lehrer, dass der Spaß vorbei sei, und wir uns wieder umziehen müssen. Unsere Tour in der Stadt war vorbei und wir gingen zurück zum großen Fahrradparkplatz, schlossen die Räder mit den Schlüsseln auf und fuhren zurück zur Jugendherberge.

Nach 22 Minuten und 7,0 Kilometern kamen wir erschöpft an der Jugendherberge an.

Als ich meinen Schlüssel mitnahm, fiel mir in unserem Zimmer was ganz anderes auf – Luis S heulte. Seine Aussage war, dass es ihm auf der Fahrradtour schlecht ging. Vor Verwunderung stand ich ein bisschen auf dem Schlauch, aber ich ging einfach ganz normal duschen und erholte mich ein bisschen von der langen Fahrradtour.

Nach ein paar Stunden trafen wir uns wieder im Aufenthaltsraum und gaben unsere Handys ab.

Am nächsten Morgen gingen wir wieder zum Frühstück und holten uns ein Brötchen mit einem Kakao.

Nach ein paar Stunden machten wir uns fertig, denn wir gingen in ein Aquarium. An diesen Tag fuhren wir mit dem Zug in die Stadt.

Nach 17 Minuten und 6,5 Kilometern erreichten wir die Stadt und gingen noch ein bisschen shoppen.

Nach ein paar Stunden holte ich mir von dem Youtuber DoctorBenx das Buch *Benx und die seltsame Insel*, eine Parkscheibe mit »Bitte nicht zuparken - Fluchtgefahr!« und eine Postkarte. Aus einer 1-Euro-Münze machte ich mir einen 0-Euro-Geldschein und aus einer 5-Cent-Münze machte ich mir eine ovale Münze, wo ein Leuchtturm drauf ist. Als wir noch in einen kleinen Spielzeugladen waren, fiel mir bei den Gesellschaftsspielen *Uno Quatro* auf, dass fast 30 € kostete. Also so viel, wie ein Kind von 10-14 Jahren Taschengeld bekommt. Bei *Uno Quatro* muss man, als erster, 4 Steine in einer Reihe bilden – also senkrecht, waagerecht oder diagonal. Dabei muss Farbe oder Zahl übereinstimmen. Statt des *Uno Quatro*s besorgte ich mir von

Ravensburger ein Kartenspiel namens *Best of Germany Super Trumpf*. Bei dem Spiel müssen die Spieler Karten von verschiedenen deutschen Automarken sammeln. An Automarken gibt es: Alfa Romeo, Aston Martin, Audi, Bentley, BMW – BMW ist die Abkürzung für bayerische Motoren Werke.

Dacia, Daewoo, Ferrari, Fiat, Ford, Honda, Hyundai, Infiniti, Jaguar – wie die Raubkatze.

Jeep, Kia – heißt aber auch Kia Motors.

Lamborghini, Lancia, Land Rover – heißt auch Range Rover.

Lexus, Maserati, Mazda, Mercedes – heißt aber auch Mercedes-Benz.

Mini – Mister Bean hat sogar in England einen kleinen hellgrünen Mini, dessen Motorhaube schwarz ist. Er liebt seinen Teddy. Nur seine Mitbewohnerin, eine alte Dame, ist sehr streng und rastet, sowie ihre Katze, manchmal ein bisschen aus.

Mitsubishi – man sagt dazu auch Mitsubishi Motors.

Nissan, Opel, Peugeot – wie ein Monster, was aussah wie ein Yeti.

Citroen, Porsche, Renault, Rolls Royce, Saab, Seat, Skoda, Smart, SsangYong, Subaru, Suzuki, Toyota, Volkswagen – heißt auch kurz VW und Volvo.

Meine Eltern und ich haben als Auto einen Volvo XC60 B4.

Nach ein paar Minuten trafen wir uns alle bei den Klassenlehrern und gingen als Gruppe zusammen zum Aquarium, wo Herr K und Frau G uns in Gruppen aufteilten. Wir bekamen Klemmbretter mit verschiedenen Fragen. Ich war mit Luis und Stella in der einen Gruppe. Wir versuchten, die Fragen zu den Meereslebewesen zu beantworten.

Nach ein paar Minuten waren Luis, Stella und ich mit den Fragen durch, wir gaben das Klemmbrett bei Herrn K und Frau G ab und ich nahm mir im Aufenthaltsraum ein Ausmalbild von verschiedenen Meereslebewesen.

Dann sprach Mika H mich an und sagte zu mir: »Hey, Maik. Drück mal auf meine Brust.«

»Bist du verrückt, Mika? Das soll ich doch nicht ernsthaft tun, oder?«, sagte ich mit verrücktem Blick, trotzdem drückte ich auf Mikas Brust und es ertönte auf einmal ein Pupsgeräusch.

»Hahaha! Das war ein Pupsgeräusch von einem Furzkissen«, sagte Mika zu mir. Durch diesen Spaß bekam ich einen kleinen Schock.

Nach ein paar Minuten riefen Frau G und Herr K uns und wir versammelten uns vor dem Ausgang. Bevor wir zum Bahnhof gingen, sagte Stella zu mir: »Wir sehen uns gleich. Ich muss für mich neue Schuhe besorgen. Die Sohle hat ein Loch und ich will keine klatschnassen Füße bekommen. Deswegen sehen wir uns gleich am Bahnhof.«

Als ich das von Stella hörte, ging ich mit Herrn K, Frau G und ein paar anderen Kindern ein bisschen durch die Stadt. Nach 14 Minuten und einen Kilometer erreichten Herr K, Frau G, die Kinder und ich den Bahnhof für Kleinbahnen. Nach ein paar Minuten saßen wir alle in der Bahn und fuhren los.

Hier was zu Bahn und Bahnübergänge: Früher gab es mal als Warnzeichen für Bahnübergänge ein Schild, mit etwas das aussieht wie ein Gartenzaun. Dieser Gartenzaun auf dem Schild wies darauf hin, dass in ein paar Metern ein beschrankter Bahnübergang kommt.

Dieses Schild mit dem Gartenzaun gibt es allerdings nicht mehr, nur in manchen Städten, wie hier an der Nordsee. Wenn auf dem Warnzeichen eine Bahn drauf ist, dann kommt in ein paar Metern ein unbeschrankter Bahnübergang.

Nach 11 Minuten kamen wir an und gingen zusammen zur Jugendherberge.

An den Abend schmissen Herr S und ein paar Kinder eine schöne, knallige Party im Aufenthaltsraum.

Um 20:00 Uhr kam Stella zu uns ins Zimmer rein und gab mir meine Tablette.

Am nächsten Morgen wurden wir wieder durch den Song *Guten Morgen Sonnenschein* geweckt. Als ich von Stella meine Tablette bekam, gingen wir zum Frühstück und nahmen uns Brötchen und tranken Kakao.

Nach ein paar Stunden war das Frühstück vorbei und wir gingen wieder zur Jugendherberge zu unseren Zimmern.

Irgendwann ging ich ein bisschen nach draußen an die frische Luft, um mich zu bewegen.

Als ich Stellas Stimme von einem Fenster hörte: »Hey Maik. Was machst du hier draußen?«

Ich bekam einen kleinen Schrecken. »Ich wollte ein bisschen an die frische Luft«.

Irgendwann in unserem Zimmer weinte Luis S und war sogar dabei wütend, weil er, so wie er sagte, bestohlen wurde.

Als Herr K und Stella das hörten, klopften sie an die Tür und kamen hinein. »Was ist los, Luis? Warum bist du so wütend?«, fragte Herr K und versuchte, Luis zu beruhigen. Als er hörte, dass irgendwer Mentos stahl, und die Schuld auf mich schob, sagte Stella verwundert: »Luis, hör mal: Warum sollte Maik Mentos klauen? Mentos isst er doch gar nicht.«

Herr K sagte zu Stella: »Stella, ich würde sagen, bis Luis sich wieder beruhigt hat, geht Maik lieber zu Ihnen, okay? Wenn etwas ist, dann such nach mir oder Frau G.« Stella und ich gingen aus unserem Zimmer raus und in Stellas Zimmer.

Wie jeden Abend trafen wir uns im Aufenthalts- raum in der Jugendherberge und gaben unsere Handys ab. Es war 20:00 Uhr und von Stella bekam ich meine Tablette.

Am nächsten Morgen gingen wir wieder zum Frühstück und ich bekam wie jeden Morgen und jeden Abend meine Tablette.

Nach dem Frühstück gingen Henrik, Luis S, Lucas und ich zurück in unser Zimmer.

Dann geschah etwas Merkwürdiges: Herr K und Frau G sagten zu uns, dass wir unsere Handys abgeben sollten. Aber es war noch nicht Abend, sondern erst 15 Uhr.

Am Abend war es so weit, dass Frau G sagte: »Jungs, wer von euch kommt, außer ein paar Mädchen mit mir in die Stadt, um ein bisschen einzukaufen?«

»Nein danke, Frau G. Ich will nicht noch mehr Kraft verbrauchen, genau sowie andere Menschen Strom verbrauchen«, antwortete ich Frau G.

Nach ein paar Stunden gingen einige Kinder zum Tischtennis in eine kleine Sporthalle.

Nach weiteren Stunden gingen wir alle mit Stella, Herr K und Frau G zum Watt, um den schönen Sonnenuntergang zu genießen, und machten dabei ein paar schöne Fotos. Einige Kinder gingen mit

Gummistiefeln ins Watt, wo die Flut vorübergehend weg war.

Wenn man übrigens das Watt begutachten will, muss man vorher in einen sogenannten Gezeitenkalender gucken, wann die Flut einsetzt. Wenn man im Watt ist, dann sollte man nicht in die Gefahrenzone wandern, weil da Treibsand und Schlingwatt ist, was für Wattwanderer sehr gefährlich ist. Und die Gefahren, die man im Watt erleben kann, sind: Sturmtage mit hoher Brandung, aufziehender Seenebel, der die Orientierung rauben kann. Außerdem können auch bei Windstille die Gezeiten zur Gefahr werden: Orkane, Sturmfluten und Wellen bis zu den Dünen.

Nun war es spät am Abend, als wir zurück in unsere Zimmer gingen.

Es war 20 Uhr und ich bekam von Stella meine Tablette.

Am nächsten Morgen trafen wir uns in der Cafeteria zum Frühstück und aßen ein Brötchen und tranken einen Kakao. Während des Frühstücks rief Herr K: »Hört mir bitte alle zu! Wir fahren heute mit der Fähre und dem Bus zurück, also müssen alle die

Bettbezüge von den Bettdecken und Kopfkissen abnehmen. Eure Sachen müssen in die Koffer und Rucksäcke gepackt werden. Bei der Fähre müsst ihr eure Koffer beim Personal abgeben, damit diese während der Fahrt aufbewahrt werden, bis wir beim Hauptbahnhof in Emden ankommen.«

Nach dem Frühstück gingen alle zu ihren Zimmern und machten sich abfahrbereit – packten ihre Rucksäcke und Koffer und zogen ihre Bettbezüge von den Bettdecken und Kopfkissen.

Nach ein paar Minuten waren alle Bezüge abgezogen und wir gingen mit den Fahrrädern zu dem Verleiher, der uns am Montag die Fahrräder gab, und gaben die Fahrräder wieder ab.

Nach ein paar Minuten brachen wir als Gruppe auf zum Fährenhafen.

Nach 3 Stunden kam eine Fähre, wir gingen rein und übergaben unsere Koffer.

Nach 2 Stunden, 43 Minuten und 140 Kilometern erreichte die Fähre den Hafen, wo wir unsere Koffer dem Busfahrer gaben und der sie in den Laderaum des Busses lud.

Nach 3 Stunden sagte der Busfahrer: »Liebe Schülerinnen, Schüler, Lehrer und Lehrerinnen. Wir werden an einem nächsten Rasthof eine Pause machen. Ihr könnt euch bewegen und auf Toilette gehen. Aber bitte geht nicht in den *Burger King* rein, um euch was zum Essen zu bestellen. In 10 Minuten treffen wir uns wieder im Bus und die Fahrt geht weiter.«

Nach 10 Minuten trafen wir uns wieder im Bus. Ich hörte in den schönen 10 Minuten Musik über *Spotify*, über meine Kopfhörer, die mit Bluetooth mit meinem Handy verbunden sind.

Spotify ist übrigens eine App, um Musik, Podcasts oder Alben abzuspielen. Und Palutens neuer Podcast ist »*Äffchen mit Käffchen.*« Sein erster Podcast hieß »*Plötzlich schwanger.*«

Nach 2 Stunden, 30 Minuten und 256 Kilometern erreichte der Bus die Schule. Wir stiegen aus, nahmen unsere Koffer und wurden von unseren Eltern begrüßt.

»Hallo, Schatz. Na, wie war die Busfahrt bis hier her zur Schule?«, fragte Mama.

Stelle und ich antworteten: »Gut.«

Nach diesen Antworten fuhren wir Stella zum Hauptbahnhof, wo sie mit einem Bus nach Hause fuhr. Stella verabschiedete sich zügig: »Tschüss, Maik. Bis nächste Woche in der Schule.«

Nach 9 Minuten und 4 Kilometern erreichten wir unser Zuhause.

Oh ja. Das war doch eine schöne Klassenfahrt. Wir fuhren mit dem Bus und mit der Fähre, schliefen in einer Jugendherberge, waren in der Stadt shoppen, spielten auf unserem Zimmer Uno Flip und noch vieles mehr, sagte ich in meinen Gedanken.

»Mentos, Missverständnisse und eine Dusche – Maik zwischen Anpassung und Ausstieg«

Oder: Wie man fünf Tage maskiert und trotzdem nicht untergeht.

Für viele Kinder ist eine Klassenfahrt das Highlight des Schuljahres – Gruppenspaß, Ausflüge, Quatsch machen.

Für Maik ist es ein Kraftakt. Denn während andere sich treiben lassen, hält Maik fünf Tage lang das Steuer fest in der Hand. Er plant, beobachtet, passt sich an – und zeigt kaum, wie viel ihn das alles kostet.

Er schafft es, *fünf Tage* mit anderen Menschen in einer fremden Umgebung zu sein – mit neuen Gerüchen, Geräuschen, sozialen Erwartungen. Und er bricht nicht zusammen.

Er bleibt höflich, funktional, wachsam – bis es nicht mehr geht.

Denn dann passiert's: Ein Schüler behauptet, seine Mentos seien weg. Und plötzlich steht Maik unter Verdacht. Nicht offen. Aber spürbar.

Und das bei einem Kind, das keine Mentos isst. Für Maik ist das wie eine innere Systemverletzung.

Seine Gerechtigkeit, seine Ordnung – alles gerät ins Wanken.

Und kurz vorher war da noch Luis – ein emotionaler Moment, ein weinendes Kind, ein offenes System.

Zu viel. Zu laut. Zu unberechenbar.

Was macht Maik? Er duscht.

Nicht aus Hygiene. Aus Selbstschutz.

Denn seine Kraft ist aufgebraucht.

Fünf Tage Maskieren – und dann die Explosion von außen. Also Rückzug. Wasser. Reboot.

Fachlicher Blick

Was ist Maskieren (Masking)? »Masking« beschreibt das bewusste oder unbewusste Anpassen des eigenen Verhaltens an neurotypische Erwartungen, um nicht aufzufallen, dazuzugehören oder Konflikte zu vermeiden.

Typische Merkmale:

→ Unterdrückung von Stimming (z. B. Flattern, Wiegen)

→ erzwungenes Lächeln, Blickkontakt, Small Talk

→ Imitation sozialer Verhaltensmuster. »Funktionieren« trotz innerer Überforderung.

Laut Forschung (z. B. Hull et al., 2017) ist Maskieren extrem anstrengend und kann zu Erschöpfung, emotionalem Rückzug, Zusammenbrüchen nach außen (Shutdown/Meltdown), Depressionen oder Burn-out führen.

Maik maskiert während der ganzen Klassenfahrt. Er wirkt kontrolliert, ruhig, angepasst. Aber innen arbeitet sein System auf Volllast.

Die Dusche am Abend ist nicht Schwäche – sie ist Selbstschutz nach Höchstleistung.

Warum ist das so?

Weil Autismus nicht bedeutet, dass man nicht fühlt – sondern, dass man anders verarbeitet. Und weil Kinder wie Maik früh lernen, dass »Auffallen« Stress erzeugt.

Also passen sie sich an. Sie spielen mit, obwohl sie lieber ruhen würden.

Sie lachen mit, obwohl sie überfordert sind.

Bis der Moment kommt, an dem nichts mehr geht.

Und dann brauchen sie Raum. Wasser. Stille. Und das sichere Gefühl: »Ich muss gerade nicht funktionieren.«

Fazit

Diese Klassenfahrt war kein Ferienlager. Sie war ein Marathon mit Tarnkappe.

Und Maik hat ihn durchgezogen. Ohne Wutanfall. Ohne Rücktritt. Mit Klarheit – und einem verdammt guten Duschkopf.

Was für andere »nur ein Ausflug« war, war für Maik ein emotionales Großprojekt mit Energiebilanz auf Kante. Und trotzdem hat er's geschafft.

Das ist keine Selbstverständlichkeit. Das ist eine großartige Leistung.

Tipps für Eltern

1. Maskieren ist Leistung – nicht Natürlichkeit: Erkenne, wenn dein Kind funktioniert, aber innerlich kämpft. Biete Pausen an – auch, wenn äußerlich nichts ist. Frage nicht nur »Wie wars?«, sondern auch: »Was hat dich viel Kraft gekostet?«, und: »Wo konntest du du selbst sein?«

Und wenn dein Kind sagt: »Ich brauche eine Dusche«, dann ist das kein Fluchtreflex. Das ist kluge Selbstfürsorge.

2. Sei bereit, wenn dein Kind zu Hause die Maske fallen lässt: Halte den Sturm aus, ohne ihn zu bewerten, denn was wie ein Meltdown aussieht, ist oft nur das Echo einer still durchgehaltenen Überforderung.

Sollte dein Kind einmal einen Meltdown haben: Ein Meltdown ist kein Wutanfall – es ist ein Kontrollverlust des Nervensystems. Das Kind will nicht ausrasten – es kann nur nicht mehr anders.

Was du tun kannst: Bleib ruhig. Auch wenn es laut wird. Dein ruhiger Körper ist jetzt sein sicherer Anker.

Sprich wenig oder gar nicht. Worte sind in dem Moment wie Reizverstärker.

Vermeide Berührung – außer dein Kind sucht sie.

Sorge für Reizreduktion. Dunkler Raum, Geräusche weg, Bewegung rausnehmen.

Signalisiere: Ich bleibe bei dir. Du bist sicher. Es ist okay.

Und am wichtigsten: Nimm's nicht persönlich. Es geht nicht gegen dich. Es geht ums Überleben im eigenen Körper.

Maik, Sonja und Thomas spielen Uno Extreme und gehen shoppen

Vorwort 11

Hallo Leute.

In diesem Abenteuer war ich mit meinen leiblichen Eltern Sonja und Thomas in Horstmar, spielte mit ihnen Uno Extreme und aß Burger, Pommes und Currywurst im Müllers Grill.

Holt die UNO-Karte, den Joker oder das Busticket heraus, denn es wird großartig und lecker.

Euer Maik

A.K.A Maiki.

Figuren: Maik, Sonja, Thomas, Mama und Papa

Es war ein schöner Samstag im Oktober, als ich mich fürs Spielen und Shoppen mit Sonja und Thomas fertigmachte. Papa und ich fuhren los zum Hauptbahnhof. Sofort als wir ankamen, parkten wir im Wendebereich, der auch ein Parkplatz für Taxis ist, wovon in Deutschland 53.500 Stück in der Stadt rumfahren.

Irgendwann kamen Sonja und Thomas aus dem Bahnhof raus und stiegen bei uns ins Auto ein.

Nach ein paar Minuten, als wir ankamen, spielte ich mit denen ein paar Runden Uno Extreme. Nach 3-5 Runden gingen wir los zur Bushaltestelle und fuhren mit dem Bus zu *Action*.

Die Zwischenhalte im Bus R11 waren: Eduard-Petra-Straße, kleine Laake, Bindestraße, Realschule und Mittelfeld.

Im Bus S10 gab es die Zwischenhaltestellen: Barbarastraße, Dorfstr, Wittkamp, Fölger, Aschhoff, K.-Mühle, Jagdhaus, Galgenbach, Bispinghoff, R.-Kapelle, Bredo, Berliner Straße, Freistuhl, Steintor, Solebad und Markt.

Und die Zwischenhalte bei der R12 sind: Gymnasium, Erich Ollenhauserstr., in der Schlenke, im Katros, Rotherbachstr, am Tulpenhof, Bruktererstr, Alisostr, Zeche, Wasserst., Preußenweg, Sundern, Kreuzstraße, Friedhof, Volkspark, Sesekebrücke, Holtgreven Str., Lange, Bäckerstraße, Marienkirche, Persiluhr, ZOB-Bahnhof, M.-Hospital,

Lippkamp, an der Vogelscher, Beisenkamp, Römerweg, Mitte, im Drubel, Heikenberg und Waldhöhe.

<u>Die Zwischenhalte bei der C4/C14 sind:</u>

Persiluhr, Marienkirche, Bäckerstraße, Spormeckerplatz, Südbahnhof, Bismarckstraße, Osterfeld, Lützow, Jägerstraße, Bürgerplatz, Camminer Weg, Stettiner Weg, Dieckenbruch, P.-Bahnhof Sharnhorststraße, Ebertsraße, Asternweg, Kämpen, Grüner Weg, Heide, Erlensundern, Steinhof Straße und Hinneberg.

Nach 6 Minuten und 2,8 Kilometern erreichten wir die *Sparkasse*, *Action*, *Tedi* und *Rossmann*. Bei der *Sparkasse* hob ich ein bisschen Geld ab. Und wir fingen an, in *Action* was zu holen. Dort kaufte ich mir viele eine Sprühflasche mit einem Spray, um Bildschirme von PCs, Tablets, Handys, Fernsehern zu reinigen und noch eine Flasche *Cola*. Während ich an der Kasse wartete, sah ich Thomas, wie er viele Produkte für seine Haare in einen Korb legte und auch 24 Dosen süße Getränke.

Wenig später gingen wir ein paar Meter weiter zu *Tedi*, wo ich mir von meinem Geld eine neue Federmappe und Schokolade, die aussieht wie Geld, kaufte. Während ich an der Kasse stand, sah ich Sonja und Thomas, wie sie für ihn einen Koffer suchten – keine Ahnung, warum Thomas einen Reisekoffer brauchte.

»Hier, Maik. Weil du diese flauschigen Socken wolltest, besorgte ich sie dir«, sagte Sonja zu mir und ich bedanke mich.

Wenig später gingen wir weiter zu *Rossmann*, dem Drogeriemarkt. Dort kaufte ich mir von meinem Geld drei Kartenhalter, die ich schon immer wollte!

Nachdem wir fertig waren, gingen wir zur Bushaltestelle und warteten auf den Bus.

Nach 5 Minuten und 2,8km erreichten wir die Bushaltestelle »Kreuz Str.'', wo wir zu Fuß aus weiter gingen zum Kiosk. Von meinem übrigen Geld kaufte ich mir eine *Dose Cola, M&Ms* und einen Burger aus Gummibärchen.

Dann gingen wir zu Fuß nach Hause, aber bestellten uns noch etwas zu Essen bei einem Grill und aßen da vor Ort.

Ich schrieb dann Mama: »Hey, Mama. Wir kommen später, weil wir noch was beim Grill essen.«

»Hä? Aber ich habe Pizza für euch bestellt. Warum esst ihr denn beim Grill?«, schrieb Mama als Antwort und ich schrieb ihr zurück: »Oh, das wussten wir nicht. Egal, da kann man nichts mehr machen. Wir essen dann bei Müllers Grill und du kannst mit Papa die Pizza aufessen.«

Wenig später kam der Kellner und wollte von uns die Bestellungen wissen: »Hallo, ich nehme eine *Cola* und einen Hamburger, aber ohne Gemüse, nur Fleisch und Ketchup drauf.«

»Ich nehme eine Currywurst mit Pommes und auf die Pommes soll auch Currysauce drauf.«

»Ich nehme auch eine Currywurst mit Pommes und auf die Pommes soll auch Currysauce drauf.«

Während wir warteten, sah ich Sonja, wie sie für Anna-Kiara aus Wolle einen Schal strickte, was man auch häkeln nennt.

Wenige Minuten später kam der Kellner mit den Bestellungen, die wir nach einigen Stunden verputzten. Dann kam der Kellner mit der Rechnung, die Sonja und Thomas gleichzeitig und gemeinsam bezahlten.

Nun gingen wir aus dem Restaurant und ab nach Hause, wo ich mit meinem Haustürschlüssel die Haustür aufschloss. Nachdem wir ankamen, packte ich die neuen Kartenhalter aus und spielte mit Sonja und Thomas ein paar Runden UNO Extreme.

Nach ein paar Runden kam Mama ins Esszimmer. Sie erinnerte uns, dass Sonjas und Thomas' Zug gleich abfährt und wir sie zum Bahnhof bringen mussten.

Als wir am Bahnhof ankamen, sagte ich Sonja und Thomas noch: »Hey, ihr beiden. Das war ein schöner Samstag mit euch. Ich wollte euch sagen, dass ich vor einer großen Entscheidung stehe, wo ich bald mit zwanzig hinziehen soll. Mir fiel schon Düsseldorf und Köln ein, aber alle Städte, die ich mag, sind viel zu weit weg. Und früher, als ich noch ein Kleinkind war, besuchten wir euch in einem großen Gebäude, was aussah, wie ein großes Bürogebäude, aber es war das Jugendamt in Göttingen.«

»Maik, am einundzwanzigsten Dezember wirst du sie wiedersehen, wollte ich dir sagen«, sagte Mama zu mir.

Als wir zu Hause ankamen, machte ich mir Gedanken über den schönen Samstag mit Sonja und Thomas.

»Maik auf Reise – mit Sonja, Thomas und 18 Haltestellen«

Andere Kinder erzählen nach einem Tag mit ihren leiblichen Eltern vielleicht: »Wir waren shoppen, es war ganz okay.«

Maik hingegen? Der listet jede einzelne Haltestelle auf, an der sie gemeinsam vorbeikamen. (Die ich, nur nebenbei erwähnt, umbenannt habe).

Und das ist keine Schrulle – das ist seine Form von Nähe. Seine Art zu erzählen: Ich war dabei. Ich habe alles gespeichert. Es war wichtig.

Sonja und Thomas – Maiks leibliche Eltern – holen ihn ab. Kein sentimentaler Einstieg, keine Umarmung in Zeitlupe. Stattdessen: Fahrplanabgleich, Liniennummern und die erste der vielen Haltestellen, die an diesem Tag angesteuert werden.

Maik registriert nicht nur Wege, sondern baut sie sich innerlich wie Schutzwälle. Je klarer die Route, desto sicherer fühlt er sich.

Während andere sich fragen, wie das Wiedersehen wohl wird, fragt Maik:

»Wo steigen wir um? Kommt jetzt Stadtmitte oder Beethovenstraße?«

Es ist ein Ausflug, aber kein Gefühlsausbruch. Es ist Verbindung, aber nicht in Kuscheloptik.

Maik zeigt Bindung durch Aufmerksamkeit. Durch Genauigkeit. Durch Struktur.

Am Ende sind es nicht die Gespräche, die im Fokus stehen, sondern: Die Busverläufe, der gemeinsame Weg durch die Stadt und die exakte Aufzählung der Stationen.

So sieht bei Maik Beziehung aus. So spürt er: Ich war dabei. Ich war wichtig.

Fachlicher Blick

Bindung durch Handlung, nicht Gefühl: Maik beschreibt keine Emotionen (»Ich war froh«), sondern Handlungen (»Ich fuhr mit ihnen Bus«). Das ist keine Distanz, es ist eine alternative Ausdrucksform.[4]

Haltestellen als Beziehungssymbole: Die Aufzählung ist keine Gedächtnisübung, sondern eine Art inneres Tagebuch der gemeinsamen Zeit. Das entspricht der objekt- und strukturvermittelten Bindung, wie sie bei Autisten häufig auftritt.[5]

Reduzierte soziale Sprache, aber hohe Präsenz: Keine Dialogwiedergabe, keine Reflexion, aber klare Dokumentation: Ich war dort. Mit ihnen. Und es war geregelt.

Systemdenken statt emotionalem Fluss: Der gesamte Tag ist für Maik ein Prozess: planbar, zählbar, logisch. Das hilft, Unsicherheiten im Umgang mit Eltern zu kompensieren.

---

[4]   vgl. Attwood 2007
[5]   vgl. Grandin 2014

Warum ist das so?

Für autistische Kinder sind leibliche Eltern nicht automatisch »emotional verknüpfbar«.

Gerade wenn Beziehung nicht dauerhaft gelebt wird, sondern punktuell stattfindet, gewinnt das *Wie* an Bedeutung.

Maik verarbeitet die gemeinsame Zeit nicht durch Kuscheln oder Gespräche, sondern durch exakte Beobachtung, Verlässlichkeit der Abläufe und strukturelle Erinnerung.

Das schafft für ihn Kontrolle in einer emotional unsicheren Situation und damit Sicherheit.

Fazit

Maik erlebt den Tag mit Sonja und Thomas nicht als Rückkehr zu familiärer Nähe, sondern als gemeinsames Bewegen im System Stadt.

Er braucht keine großen Worte – er braucht Linienführung. Und am Ende steht nicht »Ich habe dich lieb«, sondern: »Wir sind 18 Haltestellen gefahren. Ich habe alles dokumentiert. Ich war da.«
Und das ist bei Maik nicht weniger tief – sondern präzise echt.

Tipps für Eltern

1. Achte auf das Verhalten – nicht auf fehlende Worte: Dein Kind muss keine Emotionen benennen, um welche zu empfinden. Wenn es mitfährt, mitzählt, mitdenkt, ist es präsent.

2. Nimm strukturierte Rituale als Beziehungsangebote wahr: »Darf ich aufzählen, wo wir waren?« = »Ich will dir zeigen, dass ich mit dir verbunden war.«

__Gib Orientierung durch Zeit, Raum und Ablauf:__
Gerade bei punktuellem Kontakt mit leiblichen Eltern braucht es Planung, Sicherheit und Konstanz.

Denn: Wer Haltestellen zählt, zählt nicht weniger
– nur anders.

Und manchmal sind 18 protokollierte Stopps die
ehrlichste Form von: Ich war dir wichtig.

Maik und Mama beim Schlaf-EEG

Vorwort 12

Bon Jour, Leute.

In dieser Geschichte weckte Mama mich um 1 Uhr nachts und musste mit mir bis 9 Uhr wachbleiben für ein Schlaf-EEG in der Kinderklinik.

Also, bleibt bitte alle wach.
Euer Maik
A.K.A Maiki

Figuren: Maik, Mama, Papa, Ärztin

Es war keine erholsame Nacht, als Mama um 01 Uhr nachts in mein Zimmer kam und mich weckte. Irgendwann kam Mama auf die Idee, dass wir uns einen Film angucken könnten, damit die Zeit verging. Dieser Film hieß *Kevin allein zu Hause*.

Nach 1 Stunde und 43 Minuten war der Film vorbei und nach ein paar weiteren Stunden war es 9 Uhr, woraufhin Mama, Papa und ich uns fertigmachten und zur Kinderklinik fuhren.

Nach 28 Minuten und 26 Kilometern erreichten wir das Krankenhaus, wo Papa Mama und mich absetzte, um einen guten Parkplatz zu suchen.

Kaum waren Mama und ich im Wartezimmer neben dem EEG-Raum, gab Mama mir meine Tablette im Brot mit einem Pappbecher Cola.

»Maik bitte«, rief die Ärztin und ich folgte ihr nach links in den EEG-Raum, in dem eine Messlatte, eine Waage, ein verstellbarer Stuhl und ein rollender Ständer mit vielen Kabeln stand.

»So, Maik. Du darfst dich einmal an die Messlatte stellen«, sagte die Ärztin.

Meine Größe war 1,70 m.

Dann sagte die Ärztin: »Setz dich bitte auf den Stuhl, dann mache ich um deinen Kopf überall Kabel, dann musst du so lange schlafen, bis wir fertig sind.«

Ich befolgte das natürlich und schlief gut.

Nach vielen paar Minuten sagte die Ärztin: »So, du darfst gerne wieder aufwachen, wir sind nämlich jetzt fertig. Du darfst zu deinen Eltern gehen und mit deinen Eltern schauen wir uns die Ergebnisse an.«

Ich ging nach draußen ins Wartezimmer, wo auch Papa wartete mit Mama. Während der Wartezeit ging ich zum Automaten im Café und holte mir saure Glühwürmchen und noch ein paar andere Snacks. Dann ging ich zurück. Mama und Papa, warteten immer noch.

Nach ein paar Minuten kam die Ärztin und nahm uns dran. Wir folgten ihr zu einem Raum mit einer Liege und einem Platz mit Computer. Auf dem Computer sah man, dass während meines Schlafes Anfälle kamen.

Der neue Termin im Krankenhaus bedeutet, eine weitere Wachbleiben-Party. Das heißt, Mama muss mich wieder um 1 Uhr wecken und dann mit mir wachbleiben, damit das Schlaf-EEG funktioniert.

Kaum war der neue Termin vereinbart, gingen Mama, Papa und ich zurück zum Auto. Bevor wir nach Hause fuhren, fuhren wir zu *Action*, um für meinen Ordner, in dem Ausmalbilder drin sind, Klarsichthüllen zu kaufen. Und ich machte mir zu

Hause Gedanken über die Wachbleiben-Party mit Mama und das EEG im Krankenhaus.

»Wachbleiben mit System – Maik im Schlaflabor«

Andere Kinder würden ein Schlaflabor mit Stirnrunzeln oder Schlafanzug verbinden.

Maik verbindet es mit Kevin allein zu Hause, 28 Kilometern Fahrstrecke und einem Cola-Becher im Wartezimmer.

Denn diese Nacht war kein Abenteuer im klassischen Sinn. Sie war ein medizinisches Experiment unter erschwerten Bedingungen: Epilepsie-Abklärung per Schlafentzugs-EEG.

Ein Szenario, bei dem viele Kinder emotional kippen würden. Nicht Maik.

Maik verwandelt Reizüberflutung in Zahlen, Unsicherheit in Struktur, Wartezeit in Chronologie.

Mama weckt ihn um 1:00 Uhr nachts (keine Diskussion, keine Klage – nur Registrierung). Dann schauen sie 1 Stunde und 43 Minuten lang einen Film (ja, die Zeit ist exakt übermittelt), warten bis 9:00 Uhr, fahren 28 Minuten und 26 Kilometer zur Klinik.

Und dann folgt der Ablauf wie ein inneres Protokoll: Brot mit Tablette, EEG-Raum mit verstellbarem Stuhl, Messen, Wiegen, Verkabeln, Schlafen, fertig.

Während andere fragen würden: »Wie war das Gefühl, an all den Kabeln zu hängen?«, antwortet Maik indirekt. Durch Beschreibung der Gegenstände, der Reihenfolge, der Geräte. Das ist seine Art, Kontrolle zu behalten.

Als er erfährt, dass im Schlaf Anfälle zu sehen waren, gibts auch keine dramatische Wendung.

Nur eine neue Aufgabe: Ein weiteres EEG. Eine neue Wachbleibnacht. Ein neuer Plan.

Fachlicher Blick

<u>Detailtreue als Selbstberuhigung:</u> Maik beschreibt Abläufe mit extremer Genauigkeit (z. B. »1 Stunde 43 Minuten Film«), was ihm Sicherheit gibt. Das entspricht dem Prinzip der kognitiven Selbststrukturierung, besonders bei medizinischer Belastung.[6]

<u>Beobachtendes Ich statt emotionalem Ich:</u> Er beschreibt alles aus einer außenstehenden Perspektive. Kein »Ich hatte Angst«, sondern: »Ich wurde gemessen.« Das ist typisch für autistische Narrative.[7]

<u>Emotionale Regulation durch Wiederholung und Struktur:</u> Statt sich über die Diagnose oder die Umstände aufzuregen, akzeptiert Maik den Plan: Noch eine Nacht wach, noch ein EEG, danach Klarsichthüllen bei Action.

<u>Humorvolle Alltagsverarbeitung:</u> »Wachbleiben-Party mit Mama« – diese Formulierung zeigt: Maik kann Stresssituation sprachlich umdeuten, wenn er sie in seine Welt übersetzt.

---

[6]   vgl. Frith, 2003
[7]   vgl. Happé, 1999

Warum ist das so?

Epilepsie bedeutet für viele Kinder Angst, Kontroll-
verlust und Fremdbestimmung. Für Maik ist sie ein
Teil seiner Realität, den er mit Zahlen, Geräten und
Plänen eingrenzt.

Autistische Kinder mit Epilepsie nutzen häufig:

→ visuelle Abläufe (Stuhl, Kabel, Messlatte)

→ feste Routinen (zuerst wiegen, dann setzen,
dann schlafen),

→ Zahlen (Zeit, Entfernung, Messwerte)

um Unkontrollierbares kontrollierbar zu machen.

Laut klinischer Beobachtungen (z. B. Gillberg et al.,
2010) sind medizinische Untersuchungen für Kinder im Autismus-Spektrum besonders herausfordernd. Aber: Wenn man ihnen Struktur, Vorhersagbarkeit und ihre eigene Sprache gibt, meistern sie
sie oft besser als erwartet.

Fazit

Dieses Kapitel ist nicht laut, nicht dramatisch – und gerade deshalb so beeindruckend.

Maik schildert eine medizinisch sensible Untersuchung wie ein Wissenschaftler seine Feldstudie. Keine Angst. Kein Widerstand. Nur Struktur. Beobachtung. Und ein Hauch von Cola im Pappbecher.

Und wenn dann doch Anfälle zu sehen sind? Dann eben noch mal. Wachbleiben ist kein Drama – sondern eine Party mit Plan.

Tipps für Eltern

1. Medizinische Eingriffe im Autismus-Spektrum: Planbar statt Panik. Bereite dein Kind konkret und visuell auf Untersuchungen vor. Zeige Bilder, erklär Abläufe, nutze Timer oder Stundenpläne.

2. Benenne keine Emotion – biete Handlungssicherheit: Statt: »Keine Angst, es tut nicht weh«, lieber: »Zuerst bekommst du Kabel, dann schläfst du, dann wirst du geweckt.«

3. Akzeptiere und unterstütze Routinen bei Auf-regung: Film schauen, Snacks, feste Sätze – das sind keine Ablenkungen, sondern Werkzeuge der Selbstregulation. Nachbesprechung auf Maiks Art. Kein »Wie hast du dich gefühlt?«, sondern: »Wie viele Kabel waren's diesmal? Hast du alles aufge-schrieben?«

Denn: Auch wenn das Gehirn Funken schlägt – mit einem klaren Ablauf, einer liebevollen Mama und einem Schluck Cola im Becher lässt sich fast alles meistern.

Wir feiern Weihnachten

<u>Vorwort 13</u>

Hoho, hoho, hoho. Frohe Weihnachten, Leute. Weihnachtliches Willkommen zum neuen Kapitel. Hier feiern Josy, Sven, Katy, Benny, Mama, Papa und ich Weihnachten im Jahr 2024 und es gibt Bescherung mit Witzen.

Holt schnell die Geschenke, denn geht weihnachtlich los.
    Euer Maik
    A.K.A Maiki.

Figuren: Maik, Mama, Papa, Benny, Josy, Sven, Katie

Es war ein weihnachtlich, herrlicher 24. Dezember, als um 12 Uhr Josy, Sven und Katy bei uns zu Hause ankamen. Später war es 14 Uhr und wir machten Bescherung, aber vorher nahm ich meine Zettel mit den Witzen und sagte sie laut und deutlich vor:

1. Warum redet der Kühlschrank nie mit dir? Weil er immer cool bleibt.

2. Warum lieber Döner essen statt ins Fitnessstudio zu gehen? Döner macht schöner.

3. Was macht ein Schulbuch, wenn es nichts weiß? Es sucht nach Lösungen.

4. Was ist braun, knusprig und schwimmt im Meer? Ein U-Broot.

5. Warum lügen Geister schlecht? Weil sie leicht zu durchschauen sind.

6. Egal wie dumm du bist, Lehrer sind stets an deiner Seite.

7. Treffen sich zwei Magnete, sagt der eine zum anderen: »Was soll ich heute anziehen?«

8. Was ist braun, klebrig und läuft durch die Wüste? Ein Karamel.

9. Ich wollte Spiderman anrufen, aber bei ihm war kein Netz.

10. Wie nennt man einen schlafenden Kuchen? Penncake.

11. Was macht ein Security in der Nudelfabrik? Er Pasta auf.

12. Welches Lama fliegt in den Weltraum? Das Allpaka.

13. Was ist orange und läuft durch den Wald? eine Wanderine.

14. Warum verhalten sich Teenager wie Idioten? Weil sie in der Pubertät sind.

15. Ich wollte heute ein Brötchen anrufen, aber es war belegt.

16. Egal, wie gut du schläfst, Albert schläft wie ein Stein.

17. Wie nennt man eine Kuh, die tanzt? Milchshake.

18. Wie nennt man einen Bumerang, der nicht zurückkommt? Einen Stock.

19. Wie nennt man einen Schneemann im Sommer? Eine Pfütze.

20. Warum hat der PC immer schlechte Laune? Weil er ständig abstürzt.

21. Wie nennt man ein Rudel von coolen Wölfen?

22. Was steht auf dem Grabstein eines Mathematikers? Damit rechnete er nicht.

23. Wer wohnt im Dschungel und schummelt immer? Mogli.

24. Wie nennt man einen Ritter ohne Helm? Wilhelm.

25. Wie heißt der Sänger, der aussieht wie ein Clown? Saltatio Mortis.

26. Was trinkt Santa Claus jeden Dezember? Coca-Cola.

27. Wie heißt ein Bär, der fliegen kann? HubschrauBär.

28. Wie nennt man ein helles Mammut? Hellmut.

29. Wie nennt man ein Spanier ohne Auto? Carlos.

30. Egal, wie gut du Holz holen kannst, Scholz kann mehr Holz holen.

31. Warum macht die Blase keine Wanderung? Weil sie schon nach 5 Minuten dringend eine Pinkel-Pause braucht.

32. Was machen Singles am Valentinstag? Sie suchen nach einem Goldschatz.

33. Was macht ein Mathelehrer beim Skifahren? Er rechnet mit Brüchen.

34. Warum dürfen Ameisen nicht in die Kirche? Weil sie Insekten sind.

35. Ein Riese betritt eine Bäckerei und fragt: »Verkaufen sie Brote für einen Riesenhunger?« Darauf der Bäcker: »Tut mir leid, wir backen nur kleine Brötchen.«

36. wie nennt eine helfende Frau? Eine Gentlewoman.

37. Warum ließ Fritzchen die Milch fallen? Weil sie nicht mehr haltbar war.

38. Was macht eine Spinne auf dem Monitor? Sie geht ins Netz.

39. Was fliegt durch die Luft und macht mus, mus, mus? Eine Biene im Rückwärtsgang.

40. Was ist grün, schlau und stellt viele Fragen? Günther Lauch.

41. Was ist lila und sitzt in der Kirche in der ersten Reihe? Die Frombeere.

42. Wie nennt man eine unhöfliche Frau? Eine Karen.

43. Was macht ein Kommissar gerne beim Fußball, aber ungern beim Arbeiten? Einen Fallrückzieher.

44. Womit zahlen Dinosaurier? Mit Tyrannosaurus-Schecks.

45. Was ist weiß und läuft den Berg hoch? Eine Lawine mit Heimweh.

Das waren meine Witze. Jetzt war Mama eigentlich dran, die Geschenke zu geben, aber ausnahmsweise wollte ich das mal machen. Also übernahm ich das und nächstes Jahr ist Mama wieder dran.

»Zuerst für... meine kleine Nichte, Katy«, sagte ich laut vor und Josy machte für sie das Geschenk auf. Es war ein kleiner Tisch mit einem Glockenspiel, auch Xylofon genannt, und mehr Sachen, womit Katy spielen kann.

»Dann... mein Bruder, Benjamin«, sagte ich wieder vor, übergab es Benny und er machte es auf. Es war irgendwas mit der weißen Eule, Hedwig von *Harry Potter.* Von den Figuren gibt es auch Hermine Granger, Hagrid, Professor Serverus Snape, Draco Malfoy, Lord Voldemort, Albus Dumbledor, Luna Lovegood, Minerva McGonagall, Ron Weasley, Rubeus Hagrid, Sirius Black, Dobby, der Hauself, Remus Lupin, Regulus Arcturus Black, Bellatrix Lestrange, der sprechende Hut, Fred Weasley,

Lucius Malfoy, Neville Longbottom, Sibyll Trelawney, Hedwig, Cedric Diggory, Dolores Umbridge, Ginny Weasley, Dudley Dursley, Nagini, Nymphadora Tonks, Peter Pettigrew, Cho Chang, Narcissa Malfoy, Gellert Grindelwald, Newt Scamander, Argus Filch, Petunia Dursley, Auror Alstor Moody, Fleur Delacour, Lily Potter, Peeves, Albus Serverus, Evan Rosier, Astoria Malfoy, Viktor Krum, Teddy Lupin, Maulende Myrte, Gilderoy Lockhart, Pansy Parkinson, Blaise Zabini, Oliver Wood, Fluffy, James Potter und Molly Weasley.

»Als nächstes... meine Schwester, Josephine«, sagte ich, übergab es Josy und sie machte es auf. Es waren eine pinke Trinkflasche, ein Kugelschreiber mit *beste Schwester der Welt*, ein großes Paket Raffaello und eine selbstgemalte Karte mit *ich liebe dich und Katelyn.*

»Dann ... ich, Maik-Dominik«, sagte ich für alle, öffnete das Geschenk und drin war von Papa ein Popsocket mit einem blauen T und einem gelben P, Team Paluten.

Bei Team Paluten reagiert er auf verschiedene Videos, indem er sie kommentiert. Zum Beispiel: die weise Eule. Schaut da mal vorbei. Oder bei Team Paluten.

»Als nächstes … M für Maik, also mich?«, wunderte ich mich, aber ich packte es trotzdem aus. Es war eine große Bettwäsche von Paluten. Und drauf zu sehen waren alle Figuren von Freedom, Palutens Büchern: Paluten, der chaotische Kürbiskopf. Sally, eine niedliche wie aufgeweckte Hundedame. Evil Paluten – er ist seit den Abenteuern auf den Schmahamas neues Mitglied des Freedom Squads. Iggi – ein stets gut gelaunter Golem mit verborgenen Kräften. Edgar, er ist Palutens allerbester Freund und begleitet Paluten bei fast jedem Abenteuer. Professor Ente, er ist ein genialer Wissenschaftler und bei ihm ist immer die richtige Ausrüstung am Start. General Dieter ist ein militärisches Super-Huhn des Freedom Squads. Edgar Junior, er ist der Sohn von Edgar und seiner Frau Claudia. Minime, er ist Palutens Sohn und jüngster Neuzugang des Freedom Squads. Friedhelm, das kleine Schlossgespenst, liebt es zu spuken und lernt gerade, wie Freundschaft funktioniert. Waltraud, die kleine Stute, begleitet Paluten und Edgar treu auf ihrem

Ritt durch die Prärie - aber sie lässt sich nicht herumkommandieren. Jane (genannt: die Fessel) ist zwar die beste Lasso-Werferin im ganzen wilden Westen, behält ihr Wissen aber für sich - aus gutem Grund.

Am Ende brachte Mama eine große Tüte, mit verschieden, verpackten Geschenken. Ich packte ein paar Sachen aus: eine Ausweishülle für Gepäck, um es mit Namen und Adresse zu benennen. Bluetoothkopfhörer, eine rosafarbene Handyhülle fürs Samsung Galaxy S21 und eine Bildschirmfolie auch für Samsung Galaxy S21.

Wenige Tage später war Weihnachten vorbei und die Tage wieder normal.

»Hohoho und Hä? – Weihnachten mit 45 Witzen und einem sozialen Masterplan«

Andere Kinder spielen Weihnachten Blockflöte oder rollen mit den Augen, wenn die Oma zum fünften Mal sagt: »Früher war mehr Lametta.«
Maik aber bringt 45 Flachwitze.
Auf Zetteln. Sortiert. In Serie.
Ein Gag nach dem anderen. Und das Bemerkenswerte: Er versteht sie nicht.
Nicht im klassischen Sinne. Nicht im »Haha, der war gut«-Modus.
Aber er weiß: Andere lachen.
Und deshalb: liefert er. Punktgenau. Klar betont. Fast professionell.
Warum?
Weil diese Witze keine Späße sind.
Sie sind Brücken. Taktiken. Werkzeuge.
Maik nutzt sie wie ein Diplomat seine Visitenkarte: »Ich verstehe euch nicht ganz, aber ich zeige, dass ich dazugehören will.«

Wenn dann mal keiner lacht? Kein Drama. Dann erklärt er den Witz. Nicht genervt, sondern mit leiser Präzision.

Und was man ihm erklärt, das speichert er. Und nutzt es. Strategisch.

Fachlicher Blick

Verwendung von Witzen trotz fehlender Pointe-Verarbeitung: Maik rezitiert Wortspiele, Pointen und Kalauer, obwohl er deren semantische Doppelbödigkeit nicht intuitiv versteht. Dies ist laut Forschung typisch für viele autistische Kinder. Sie nutzen Sprache als Werkzeug, nicht als Ausdruck eines spontanen Humorgefühls.[8]

Soziale Funktion von Humor als erlerntes Verhalten: Maik hat gelernt, dass Witze eine positive Reaktion hervorrufen – Lachen, Aufmerksamkeit, Zugehörigkeit. Studien zeigen, dass viele Autisten

---

[8]   vgl. Samson et al., 2011

Humor eher analytisch erlernen als intuitiv empfinden.[9]

Witz als Kommunikationsbrücke: Autistische Kinder nutzen häufig ritualisierte Kommunikation – also wiederholbare, erlernbare Sätze oder Inhalte – um in soziale Interaktion zu treten. Maiks Witze sind keine Gags, sie sind soziale Eintrittskarten.[10]

Kompensation durch Erklärung: Wenn keiner lacht, wechselt Maik in den Erklärmodus. Das ist clever. Er nutzt Sprache, um Unsicherheit zu kontrollieren. Typisch für Autismus ist das Bestreben, soziale Missverständnisse logisch aufzulösen, statt emotional zu deuten.

Warum ist das so?

Humor basiert oft auf Ironie, Doppeldeutigkeit und Kontextwissen. All das sind Bereiche, die für viele Menschen im Autismus-Spektrum herausfordernd sind. Und doch: Maik nutzt Humor. Nur anders. Statt spontanem Witzverständnis kommt bei ihm: Systematik (45 Zettel, geordnet), Strategie (soziale

---

[9]   vgl. Emerich et al., 2003
[10] vgl. Attwood, 2007

Integration durch Lachen), Erklärungskompetenz (wenn nötig, erklärt er die Pointe). Das ist nicht weniger intelligent – das ist hochfunktionale soziale Navigation.

Fazit

Dieses Kapitel ist mehr als nur ein Gagfeuerwerk. Es ist Maiks sozialer Glanzmoment. Er sagt: Ich verstehe vielleicht nicht, was daran witzig ist – aber ich verstehe, dass es euch verbindet. Und deshalb mache ich mit.

Weihnachten wird damit nicht nur familiär – es wird inklusiv, kommunikativ, besonders.

Denn 45 Flachwitze in Folge sind kein Zufall. Sie sind Maiks Art zu sagen: »Ich gehöre dazu. Auf meine Weise.«

Tipps für Eltern

1. Nimm Humor ernst – auch wenn er nicht verstanden wird: Wenn dein Kind Witze erzählt, ohne sie zu begreifen, dann fragt nicht: »Was findest du daran lustig?«, sondern: »Was willst du mit dem Witz zeigen?«

2. Unterstütze humorvolle Kommunikation – auch wenn sie »fremd« wirkt: Lernt gemeinsam neue Witze. Erkläre Pointen geduldig und lobe das soziale Engagement, nicht nur die Pointe.

3. Schaffe Raum für humorvolle Rituale – sie geben Struktur und soziale Sicherheit: Witz des Tages, Witz-Roulette, Familien-Lachzettel.

Denn: Man muss nicht über den Witz lachen – manchmal reicht es, über das Kind zu staunen, das ihn erzählt.

Maik bekommt sein Halbjahreszeugnis

Vorwort 14

Moin, Leutchen.

In dieser Geschichte war ich in der Schule und bekam mein Halbjahreszeugnis und es begann das 2. Halbjahr. Außerdem waren Kahoots in der Schule und machten Kahoots.

Meins war eins über Automarken, denn ich träume täglich und nachts von Audi und VW, weil ich einen eigenen Audi Q2 und einen eigenen VW T6-Multivan will.

Am Ende fuhr ich sogar noch mal mit dem Bus nach Hause, ging aber davor noch Shoppen.

Holt das Portemonnaie, das iPad oder den Autoschlüssel raus, denn es geht jetzt los. Euer Maik A.K.A Maiki.

Figuren: Maik, Stella, Phil, George, Mama, Papa, Frau H, Frau S, Herr K, Frau G

Es war ein lässiger Freitagmorgen im Februar 2025 als Frau S, unsere Lehrerin im Mathe-G-Kurs, sagte: »Tschüss, ihr Lieben. Wir sehen uns Montag, 17.02.«

Wir gingen mit Taschen und iPads zum Klassenraum im B- und C-Trakt, B037, wo wir mit Frau H die Kahoots machten.

Irgendwann kam mein Kahoot – ich synchronisierte mich mit meinem iPad mit der Tafel in Raum B037. Die Fragen waren:

Quiz: What is this logo?

Wahr oder falsch.

Quiz: What is this logo?

Rot: Mercedes-Benz

Gelb: Mercedes

Blau: Diamond

Grün: Diamond-Cut

Quiz: What is this logo?

Rot: Seat

Gelb: Sachen

Blau: Seatbelt

Grün: Simon

Quiz: What is this logo?

Rot: Peugeot

Blau: Yeti

Grün: Monster

Gelb: Bigfoot

<u>Quiz: What is this logo?</u>

Rot: Ferrari, Blau: Pferdchen, Gelb: Italia, Grün: Italien

<u>Quiz: What is this logo?</u>

Rot: Chevrolet

Blau: Cross

Grün: X

Gelb: Kreuzstraße

<u>Wahr oder Falsch: Is that Renault?</u>

<u>Quiz: What is this Logo?</u>

Rot: Bentley

Grün: Ben

Gelb: Bernd

Blau: Bernhard

<u>Wahr oder falsch:</u> BMW stands for *Bayian Motor planst.*

Wahr oder falsch: VW stands for *Volkswagen*

<u>Quiz: What is this logo?</u>

Rot: Klara

Blau: Kia Motors

Grün: Kia

Gelb: KI-Ampel

Quiz: What is this logo?

Rot: Elektrotest

Blau: Tesla

Gelb: Testarbeit

Grün: Test

Wahr oder falsch: AMG stands upright for *Melcher Großaspach*.

Wenig später kam die Pause und nach 20 Minuten gingen wir, die 7A, nach oben zum Klassenraum A108. Kaum waren wir drin, kamen Herr K und Frau G und gaben uns die Halbjahreszeugnisse.

Maiks Zeugnisnoten:

Evangelische Religion/ER = 3

Deutsch = 2

Englisch = 1

Kunst = 3

Musik = 3

Gesellschaftslehre/GL = 2

Naturwissenschaften/NW (Physik, Chemie, Biologie) = 3

Mathe = 1

Biologie = 3

Physik = 3

Hauswirtschaft/HW/AH = 4

Sport = 4

Wenige Minuten später war es 10:30 Uhr und wir alle, die 7A, durften nach Hause gehen.

Bevor ich aber mit der S10 zum HBF fuhr, ging ich noch bei *Tedi, Woolworth* und *Action* shoppen.

<u>Maiks gekaufte Sachen:</u>

Bei *Tedi* einen Flaschenöffner, der aussieht wie ein Glas, woraus man Bier trinkt und ein paar Coca-Cola Socken.

Bei *Woolworth* ein Notizbuch mit einem Cover eines Pop-it's, an dem man den Stress loswerden kann, wenn man es poppt.

Bei *Action* war es ein Handyhalter, der wie ein Messer aussah, aber zum Halten des Handys gilt.

Wenig später ging ich in den Bus und fuhr mit der S10 zum HBF. Die Zwischenhaltestellen waren: S-Tor, Freistuhl, Berliner S, Siedlung B, Kapelle, B-hoff, G-Bach, Jagdhaus, K-Mühle, Aschhoff, Fölger,

Wittkamp, Dorfstraße, Barbara-S. und Hauptbahnhof.

Als ich am HBF war, kaufte ich von meinem übrig
gebliebenen Bargeld am Kiosk eine Dose *Cola* und
eine Dose *Pringles* mit Ketchup Geschmack, die gibt
es auch in Original und Sour Cream & Onion. Eine
neuer *Pringles* Geschmack kam auf den Markt: mit
seltsamen Suppen-Geschmack von *Minecraft*. Auch
wenn ich die nicht probierte, bekamen die trotzdem 5/10 Punkten.

Die mit Sour Cream & Onion und mit Ketchup sind
sehr gut und bekamen 8/10 Punkte von mir.

2021 kam die Dubaischokolade auf den Markt mit
einer knusprigen Pistazien-Füllung. Im Internet kostet eine Tafel Dubai Schokolade einfach 9,67€, was
echt teuer ist!

Wenige Minuten später kam die R11, ich stieg ein
und die Fahrt ging los. Die Zwischenhaltestellen
vom HBF bis nach Hause waren: P-Uhr, M-Kirche,
Bäcker, Spormecker, Park-S.

An der Kreuzung Park-S/V-Straße fuhren die R11,
die C5 und die R12 nach links zur Haltestelle P-
Straße. Die C4 und die C14 fuhren geradeaus zur

Sackgasse, um die Haltestelle *S-Bahnhof* zu erreichen.

Dort funkten die Busfahrer, dass die C4 und die C14
zur Haltestelle *Bismarck-S* fuhren, weil die abkni-
ckende Vorfahrtsstraße nach links ein bisschen eng
war.

An der Kreuzung Alsen/B-Straße fuhr die R11 nach
links, die C5 nach rechts und die C4 und die C14 fuhren weiter nach Camminer, Spichern, Königsberger,
Altenwohnheim und P-Bahnhof.

Übrigens: Die roten Markierungen an den Bushaltestellen bedeuten, dass der Busfahrer oder die
Busfahrerin den Warnblinker einschalten soll —
denn manchmal sind Bushaltestellen in einer Park-
bucht und manchmal stehen sie normal auf der
Straße.

Die nächsten Haltestellen waren: Sharnhorst,
Ebert, Mittelfeld, Realschule, Binde-S, Laake und
Eduard-Petrat.

Als ich an der Bushaltestelle *K-Straße* ankam, ging
ich nach Hause, wo Mama mich schon sehnsüchtig
erwartete.

»Zeugnisse, Markenlogos und der Q2 – Maik im Bildungs-GPS-Modus«

Für viele Kinder ist das Halbjahreszeugnis ein Anlass für Tränen, Triumph oder Tobsuchtsanfälle.

Für Maik ist es ein strukturelles Ereignis mit Fahrplan, Nebeneffekten und integrierter Quizshow.

Denn wenn man Maiks Geschichte liest, merkt man schnell: Er beschreibt nicht, wie er sich wegen des Zeugnisses fühlt, er beschreibt, dass er eines bekommen hat.

Emotion? Sekundär.

Primär: Ablauf. Reihenfolge. Beteiligte Personen. Und Kahoot.

Ja, richtig gelesen: Ein Kahoot-Quiz, das er selbst gestaltet hat – über Automarken.

Fragen über Ferrari, Bentley, VW, Seat. Farblich codiert.

Antwortmöglichkeiten bis ins Detail.

Denn wenn man Maik verstehen will, muss man verstehen: Leistung drückt sich bei ihm nicht in Notendramatik aus, sondern in Dingen, die er beherrschen kann.

Er kann sich nicht sicher sein, wie eine mündliche Rückmeldung gemeint ist. Aber er weiß ganz sicher: BMW steht für Bayerische Motoren Werke. Punkt. Am Ende fährt er nach Hause. Mit dem Bus. Aber vorher noch shoppen.

Weil Selbstwirksamkeit bei Maik nicht mit einer Note beginnt – sondern mit einem QR-Code auf dem Preisschild.

Fachlicher Blick

Emotionale Distanz zum Zeugnis: Maik beschreibt sachlich, dass er das Zeugnis bekommen hat. Kein Ausdruck von Stolz, Frust oder Nervosität. Das ist häufig bei Kindern im Autismus-Spektrum zu beobachten: Emotionen werden nicht automatisch mit Leistung verknüpft.[11]

Spezialinteresse statt schulischer Bewertung im Fokus: Während andere Kinder übers Zeugnis grübeln, berichtet Maik stolz über sein selbst erstelltes Kahoot. Spezialinteressen können laut Attwood ein Weg sein, Kontrolle, Kompetenz und Identität zu

---

[11] vgl. Baron-Cohen, 2008

erleben, gerade wenn die Schule selbst Unsicherheiten mit sich bringt.

Verwendung strukturierter Formate zur Selbstprä-
sentation: Maik wählt ein digitales Format, das
klare Regeln hat (Frage, vier Antworten, Zeitlimit).
Das minimiert soziale Missverständnisse und lässt
ihn glänzen – auf sichere, vorhersagbare Weise.

Fehlende Bewertung des Zeugnisses als Ausdruck
von Selbstschutz oder Desinteresse an Normbe-
wertung: Kinder wie Maik bewerten Situationen oft
nach ihrer inneren Logik, nicht nach dem gesell-
schaftlichen Status. Zeugnisse sind dabei eher Ver-
waltungsakte als Meilensteine.

Warum ist das so?
Autistische Kinder erleben schulische Bewertung
oft nicht wie neurotypische Kinder. Noten sind für
sie abstrakt, interpretationsanfällig und emotional
schwer greifbar.
Stattdessen suchen sie messbare Kategorien, klare
Regeln und eigene Systeme, in denen sie glänzen
können.

Ein Kahoot über Automarken erfüllt alle drei Punkte. Es zeigt: »Ich kann was. Ich weiß was. Ich kontrolliere diesen Moment.«

Das ist nicht Trotz – das ist eine intelligente Strategie zur Selbstvergewisserung.

Fazit

Dieses Kapitel ist kein Zeugnisdrama, kein Leistungstest. Es ist Maiks ganz eigene Form, mit Bewertung umzugehen.

Er nimmt, was er kennt (Logos, Systeme, Fakten) und formt daraus einen Raum, in dem er sich sicher fühlt.

Wenn andere sich fragen, ob sie eine Eins oder Zwei haben, fragt Maik: »Ist dies das Logo von Peugeot oder Bigfoot?«

Und ganz ehrlich: Diese Form von Intelligenz ist mindestens eine glatte Eins wert.

Tipps für Eltern

1. <u>Bewertung ist nicht immer gleich Bedeutung:</u> Frag nicht: »Was hast du im Zeugnis?«, frag lieber: »Was davon findest du gut an dir selbst?«

2. <u>Unterstütze alternative Ausdrucksformen von Selbstwert:</u> Selbstgemachte Quizze, Projekte, Poster, Sammlungen. Das sind innere Zeugnisse.

3. <u>Reduziere Druck durch Individualisierung:</u> Ein Kind, das sich über ein Audi-Q2-Kahoot freut, hat verstanden, wie Lernen Spaß macht. Und ganz wichtig: Lob nicht die Note – lob den Mut. Den Fokus. Die Ausdauer. Auch wenn das Kind sagt: »Ich habe halt nur ein Kahoot gemacht.«
Denn: Manche Prüfungen bestehen Kinder nicht in der Schule – sondern auf der Busfahrt danach.

Maik und Frau S shoppten und fuhren zu MC

Vorwort 15

Hola, Leute.

Herzlich willkommen zu einer neuen Geschichte in meinem Abenteuerbuch. In dieser Episode waren Frau S und ich shoppen und bei MC.

Holt eure Geldbörse, Gabel und Messer oder den elektrischen Autoschlüssel raus, denn es geht jetzt los mit der Story.

Euer Maik

A.K.A Maiki.

Figuren: Maik, Frau S, Santina, Frau E, Stella

Es war ein entspannter Donnerstagnachmittag, als auf einmal Frau E in den Klassenraum A108 kam und uns sagte, dass Frau G offenbar einen Notfall mit ihrem Kind hätte und später kam. Von daher brachte Frau E uns eine Kiste mit Bällen und so weiter.

Nach 60 Minuten war die Stunde rum und wir gingen alle nach Hause. Aber Mama holte mich und Frau S von der Jugendhilfe.

»Hi, Maik. Schön, dich endlich wiederzusehen. Ich war ja sehr lange im OP«, begrüßte Frau S. »Vorhin sah ich deine neue Schulbegleitung. Wie heißt die denn?«, fragte Frau S.

Ich antwortete: »Santina. Die Santina ist jetzt bei mir, weil Stella seit ein paar Wochen schwanger ist und wegen ihrer Schwangerschaft mich nicht begleiten kann.«

Nach dem Erzählen gingen wir in die Stadt zum Shoppen.

Die geshoppten Sachen von Maik und Frau S:

Bei *Tedi* einen Laserpointer, damit Katzen ihn jagen. Katzen interpretieren den roten Punkt von Laserpointern als Beutetiere, die versuchen, zu fliehen und sich zu verstecken. Außerdem jagen Katzen die Mäuse, weil Katzen einen natürlichen Jagdinstinkt besitzen, den sie bei jeder Gelegenheit ausleben, auch, wenn der Napf stets gefüllt ist. Katzen sind der Meinung, dass Menschen schlechte Jäger sind und wollen ihnen eine Maus zum Üben geben. Auf diese Weise bringen Katzenmüttern ihren Jungen das Mäusefangen bei.

Und bei *Woolworth* einen Kugelschreiber mit einem Minecraft-Creeper, deren Tinte man in verschiedene Farben ändern kann.

Wenig später gingen wir zu Fuß am Stadthaus vorbei, zum Parkhaus mit den Geschäften *Rossmann, Action, Hosselmann* Bäckerei und *Rewe*. Als wir beim bunten Haus der Jugendhilfe ankamen, gingen Frau S und ich nach unten in den Keller, um aus dem Tresor/Safe den Autoschlüssel des elektrischen Renault Zoes rauszuholen.

Dann fuhren Frau S und ich mit dem Renault Zoe zum *McDonald's* beim Autohof. Ein Autohof ist ein Mix aus einer Autobahnausfahrt und einem Rasthof, dort gibt es immer eine Tankstelle, ein Restaurant und oftmals auch ein Hotel. Und bei Rasthöfen und Parkplätzen auf der Autobahn ist man immer noch auf der Autobahn und da gilt auf den Autobahn-Parkplätzen und -rasthöfen Verbot von Halten, Wenden und Rückwärtsfahren.

Als wir bei *McDonald's* ankamen, gingen wir rein und bestellten von dem Automaten aus. Ich nahm

2-mal Hamburger ohne Gurkenscheiben, mit 20-er Chicken-MC-Nuggets, Pommes mit Süßsauer-Soße und eine Cola (Mehrweg).

Nach 1-2 Stunden waren Frau S und ich satt, gingen zum Auto und Frau S fuhr mich nach Hause.

»Maik rennt, Frau S stöhnt – Jugendhilfe trifft Ausdauerlauf.«

Wenn Maik shoppen geht, dann ist das kein Einkaufsbummel, es ist ein Sprint mit GPS-Ortung und Zwischenverpflegung bei MC.

Begleitet von Frau S, die sich wacker schlägt, aber regelmäßig nach Luft schnappt, wird aus einem einfachen Nachmittagsausflug ein nerven- und konditionstestender Stadtparcours.

Denn: Maik geht nicht bummeln. Maik geht mit Zielgeschwindigkeit von Geschäft A nach Geschäft B. Direkt. Ohne Umwege – während Frau S innerlich betet, dass der nächste Laden bitte auch Sitzbänke hat.

Aber das ist mehr als nur ein sportlicher Akt. Es ist ein Beziehungsritual, ein vertrautes Muster. Maik weiß: Wenn Frau S stöhnt, ist das kein Vorwurf. Es ist ein Insider. Ein Zeichen von Nähe. Von »Wir kennen uns.«

Er beschreibt diesen Tag nicht emotional, sondern protokollartig. Wer kam wann, was wurde gekauft, was gegessen, was gefahren – alles exakt.

Der Tag ist für ihn keine Gefühlskurve – sondern ein Plan mit Stationen.

Doch hinter dem Tempo steckt Struktur. Und hinter der Struktur steckt Sicherheit. Denn: Bewegung bedeutet für Maik nicht Flucht – sondern Regulation.

Fachlicher Blick

Funktionalisierte Bewegung: Maik bewegt sich nicht ziellos, sondern mit Ziel und Tempo – eine Art selbstregulierter Bewegungsplan. Das kann als »Motorisches Selbstregulationsverhalten« gewertet werden, wie es viele autistische Kinder zeigen.[12]

Ritualisierte Interaktion mit Bezugsperson: Frau S ist nicht einfach Begleitung – sie ist Teil eines Beziehungsrituals. Ihre Reaktionen (»Stöhnen«, Lachen, Wiederholungen) geben Maik soziale Rückmeldung in kalkulierbarer Form.

---

[12]   vgl. Ozonoff et al., 2007

Alltagsbeschreibung ohne emotionale Einfärbung:
Maik beschreibt Begegnungen, Gespräche und Ereignisse sachlich – auch zwischenmenschlich rele-
vante Details bleiben handlungsbezogen. Emotionen werden nicht benannt, sondern über Abläufe
vermittelt.

Wissenstransfer über Orte, Systeme, Objekte:
McDonalds als bekanntes, vorhersagbares System
wird genutzt – inklusive Mehrwegbecher-Erwäh-
nung. Verlässliche Systeme bieten emotionale Sicherheit durch kognitive Kontrolle.

Warum ist das so?
Autistische Kinder wie Maik benötigen Struktur –
nicht nur in Plänen, sondern auch im Zwischen-
menschlichen.
Beziehungen, die nicht auf Gefühl, sondern auf
Handlung beruhen, sind für sie oft zugänglicher. Ein
Shopping-Ausflug mit festen Stationen, wiederkeh-
renden Mustern (z. B. Action → Woolworth → MC),

und bekannten Personen (z. B. Frau S), ermöglicht soziale Nähe ohne emotionale Unsicherheit.

Dass Maik rennt, wenn andere gehen, ist kein »Drängeln«. Es ist seine Art, in Bewegung zu bleiben – körperlich und innerlich.

Fazit

Maik rennt nicht nur durch die Stadt, er läuft einem festen inneren Plan hinterher. Und Frau S? Die schnauft, lacht, hält Schritt – und wird so zur Ankerperson in Turnschuhen.

Der Ausflug ist kein Drama. Keine Therapie. Keine tiefen Gespräche. Aber es ist echte Beziehung. Gelebt, nicht erklärt. Denn manchmal reicht es, wenn einer rennt – und der andere ruft: »Warte! Ich komm ja schon!«

Tipp für Eltern

Beziehung braucht nicht immer Worte – manchmal reicht gemeinsames Laufen.

1. Erkenne ritualisierte Ausflüge als Beziehungsarbeit: Wiederkehrende Abläufe schaffen Sicherheit. Nutze sie bewusst.

2. Bewegung ist kein »Weglaufen« – sondern häufig Selbstregulation: Ein Kind, das rennt, ordnet seine Welt.

3. Mach aus Alltagsmomenten Beziehungsmomente – ohne Drama: Ein McDonalds-Besuch mit festen Menüpunkten kann mehr Nähe schaffen als jedes »Wie fühlst du dich heute?«.

Mathildas 1. Geburtstag und Maik fuhr mit dem Bus nach Hause

Vorwort 16

Hallöchen, Leute.

In diesem Kapitel waren Mama, Michelle, Ramona, Sonja, Oma, Tante Anja, Felix, Josy, Katy und ich bei Mathildas 1. Geburtstag. Danach fuhr ich mit der R19 zum HBF und *McDonald's*.

Holt schnell den Kuchen oder das Babyspielzeug raus, denn es geht mit *Happy Birthday to you* los.

Euer Maik

A.K.A Maiki.

Figuren: Michelle, Maik, Mama, Josy, Katie, Sonja, Oma, Tante Anja, Fiona, Kevin, Mathilda, Felix, Robert, Benjamin, René

Es war ein entspannter Samstagnachmittag, als Mama, Michelle, die Lebensgefährtin von René und ich zu Josy, Sven und Katie fuhren, um Josy und

Katie abzuholen. Sven kam nicht mit, weil er zur Feuerwehr musste, denn Sven ist wie René ein Feuerwehrmann.

Renés neues Auto ist ein Peugeot 208. Früher fuhr René einen Opel Insignia Kombi. Der René war mit Papa, Benjamin und ein paar Kollegen der Wohngemeinschaft, kurz WG, vom Scheideweg in der Gemeinde, um dort Kochen zu lernen.

Als Mama, Michelle, Josy, Katie und ich bei Fiona, Kevin und Mathilda ankamen, gingen wir rein und ich spielte ein bisschen mit Mathilda und Katie.

Wenige Minuten später kamen unsere Oma – vor ein paar Jahren starb Opa Dieter – meine Tante Anja, Sonja, die Sonja von unserer Oma, nicht meine leibliche Mama, meine Cousine Ramona und mein Cousin Felix. Felix wohnt nicht weit entfernt von Josy, Sven und Katie.

Einige Minuten später ging ich zur Bushaltestelle *Amtshaus*. Dort stieg ich in die R19. Die Zwischenhaltestellen waren *Luisen, Kamp, molde, Straßen-G, Privatweg, Kreutz, Oberforst, Schloss C, Denkmal, Friedhof, Gottfried-Str, Heuser, Steinstr., Löwen-K., Fontan, Theodor, Schützenstr, A-Str.* und

HBF. . An der Kreuzung fuhr der Bus eine Umleitung, weil die linke Abbiegespur nach links zur K.-S.-Str. gesperrt war.

Als ich am HBF ankam, ging ich zu *McDonald's* und bestellte mir 2x Hamburger ohne Gurkenscheibe und 6er-Chicken-McNuggets mit Süßsauer-Soße.

Wenig später stieg ich in die R11. Die Zwischenhaltestellen waren P-Uhr, M.-Kirche, Bäcker, Spormecker, Linden, Seel, Lützow, J-Straße, Bürgerplatz, Spichern, Königb. Weg, Altenheim, P. Bahnhof, Sharnhorst, E. Str., Mittelfeld, Realschule, B.-Str., Laake, E.-P. Str.

1-2 Stunden später kamen Mama und Michelle von Mathildas Geburtstag zurück. Sie hatten ein paar kleinen Pommes, zwei Hamburgern und eine *Cola* dabei.

Wenige Stunden später kamen auch Papa und René vom Kochkurs wieder.

Als es 22 Uhr war, kamen auch Benjamin und Robert nach Hause. Diesmal schlief ich auf der Couch, weil Benjamin und Robert in meinem Schlafzimmer schliefen, das wollte ich ihnen anbieten.

Mama brachte extra ein ausklappbares Bett von Oma mit, damit Benjamin darauf schlafen konnte und Robert in meinem Bett.

Als Mama und ich ein paar Sachen von meinem Zimmer ins Gästezimmer bringen wollten, stieß ich mir aus Versehen die Stirn am Zimmertür-Rahmen, aber da war ein Pickel auf meiner Stirn, von daher tat es doppelt weh. Und um zu vermeiden, dass aus dem angeschlagenen Pickel Blut rauskam, legte ich ein ausgefaltetes Taschentuch auf die Stirn und meine Mercedes-Cap hielt es fest.

»Onkel Maik, der Babyflüsterer – und warum ein Bus voller Haltestellen manchmal weniger Chaos ist als ein Geburtstag mit Babybrei.«

Wer glaubt, dass Teenager keine Lust auf Kleinkinder haben, kennt Maik nicht. Aber Achtung: Es kommt auf den Stammbaum an!

Denn: Wenn sie zur Familie gehören – wie Katie und Mathilda – dann wird Maik zum feinfühligen, aufmerksamen Onkel. Liebevoll, strukturiert, präsent. Ein bisschen wie ein Animateur mit Ablaufplan und Hygieneschulung.

Doch wehe, das Kind ist fremd. Dann heißt es: »Ich fass das nicht an.«

Ganz ehrlich? Verständlich.

Auch neurotypische Erwachsene verstecken sich vor Spielplätzen. Maik ist da eben nur… konsequent ehrlich.

An Mathildas erstem Geburtstag begegnen wir einem Maik, der gleichzeitig Chronist, Gast, Familienmitglied und Buslinienprotokollant ist.

Während andere sich auf Kuchen, Geschenkpapier und feuchte Baby-Küsse konzentrieren, dokumentiert Maik lieber Renés Peugeot-Modell und die Bushaltestellen in exakter Reihenfolge.

Emotionale Eindrücke? Weniger.

Dafür: Amtshaus, Luisenstraße, Kamp, Mode, Privatweg...

Und dazu noch ein McDonalds-Bestellvorgang, der detailreicher ist als mancher Steuerbescheid.

Das wirkt auf den ersten Blick sachlich – aber auf den zweiten Blick erkennt man: Das ist seine Art zu erzählen.

Statt »Es war schön« schreibt Maik: »Ich spielte mit Katie und Mathilda.«

Klar. Greifbar. Ohne Interpretationsspielraum.

Fachlicher Blick

<u>Beziehung über Zugehörigkeit:</u> Maik zeigt Fürsorge und soziale Offenheit – aber ausschließlich gegenüber vertrauten, familiären Bezugskindern. Autistische Kinder unterscheiden oft stärker zwischen »eigenem System« und »fremdem System«.[13] Fremde Kinder sind unvorhersehbar – vertraute hingegen berechenbar.

<u>Handlung statt Emotion:</u> Maik schreibt nicht, wie er sich beim Spielen fühlt – sondern dass er es tut. Gefühle werden häufig über Handlungen und Beteiligung vermittelt.

<u>Detaillierte Streckenbeschreibung beim Heimweg:</u> Dies ist ein klassischer Versuch, nach einem Reiz- und Sozialereignis wieder Kontrolle herzustellen. Die Haltestellen wirken wie ein mentales Runterkommen – Station für Station zurück in die Sicherheit.

---

[13]   vgl. Klin, 2003

<u>McDonalds-Details als Ritual:</u> Wiederkehrende Menüwahl, exakte Mengenangaben, keine Gurkenscheiben. Rituale als Stabilisierungsmechanismus nach sozialem Trubel.[14]

Warum ist das so?

Ein Familienfest mit Baby kann für ein Kind im Autismus-Spektrum schnell zur Reizüberflutung werden: Geräusche, spontane Berührungen, unstrukturierte Gespräche, emotionale Ausbrüche (»Ohhh! Wie süß!«).

Maik steuert dagegen mit Struktur: bekannte Personen, vorhersagbare Rituale, dokumentierte Abläufe.

Sein Interesse an Katie und Mathilda entsteht nicht aus generalisierter Kinderliebe – sondern aus Beziehung, Bindung, Vertrauen. Und das verdient großen Respekt, denn Nähe braucht für ihn Berechenbarkeit – und keine Überraschungsparty.

---

[14] vgl. TEACCH-Ansatz

Fazit

Maik ist kein Party-Onkel. Er ist ein Beziehungsarchitekt mit Taschenkalender. Er zeigt Liebe nicht über Glitzerkarten oder Knuddelattacken – sondern über Präsenz, Beständigkeit und... Chicken McNuggets.
Und das ist nicht weniger herzlich – sondern einfach autistisch herzlich. Und zwar von der Sorte, die nicht schnell schwindet.

Tipps für Eltern

1. Nähe braucht keinen Zwang, nur Klarheit: Vertraute Kinder = sichere Interaktion. Lass dein Kind die Menschen wählen, mit denen es in Beziehung geht – nicht die Altersgruppe.

2. Erzählt werden Handlungen – nicht Gefühle: Frag nicht: »Hattest du Spaß?«, frag lieber: »Was hast du mit Katie gespielt?«

3. Nach aufregenden Ereignissen, Rückfahrt planen lassen: Der Weg nach Hause ist oft wichtiger als das Fest selbst.

4. Rituale nach Sozialkontakt aktivieren: Lieblingsessen, Busfahrpläne und Routinen helfen, Erlebtes zu verarbeiten.

5. Feiere die Form von Nähe, die dein Kind wählt: Auch wenn sie anders aussieht. Auch wenn sie klingt wie:»Ich spielte mit Katie. Dann bestellte ich 2 Hamburger ohne Gurke.«

Denn in dieser Klarheit steckt etwas, das uns alle ruhig machen könnte: echte Verbindung. Ohne Schnörkel. Ohne Zwang. Mit ganzem Herzen.

Der Bus kam später und Frau P holte Maik mit dem coolen Audi Q2 ab

Vorwort 17

Bon Jour, Leute.

In dieser Folge war ich am HBF, aber die S20 kam erst in 20 Minuten. Daher holte mich die Frau P ab. Und das Auto, womit sie mich abholte, war ein Audi Q2.

Holt schnell den Autoschlüssel raus, denn es geht mit *hup hup* los.

Euer Maik

A.K.A Maiki.

Figuren: Maik, Mama, Frau P

Es war ein entspannter Dienstag im März, als ich am HBF ankam und eigentlich in die S20 einsteigen wollte, aber die S20 kam erst in 20 Minuten, also rief ich Mama an: »Mama, die S20 kommt später. Es ist fast die Zeit, wo auch Frau P kommt, um mit mir die Stunde zu machen. Papa ist mit unserem Auto bei der Arbeit. Weißt du, wie ich schnell vom HBF nach Hause komme?«

»Ich kann ja mal Frau P fragen, ob die dich abholt. Mach dir keine Sorgen. Die wird dann jede Minute da sein«, sagte Mama.

2-3 Minuten später rief Mama mich wieder an und sagte zu mir: »So, Maik. Frau P habe ich gesagt, dass die S20 später kommt. Sie holt dich ab.«

Nach 3-4 Minuten kam die Frau P, aber statt in ihrem Audi A3 in einem Audi Q2, der echt cool war. Den wünsche ich mir, das ist mein Traumauto! Und als Traum-Van einen VW T6 Multivan, auch als California bezeichnet.

Als ich mich hineinsetzte, sagte ich erstaunt: »Hallo, Frau P. WOW, der Audi Q2 sieht cool aus. Warum fahren Sie mit diesem Audi Q2 statt mit ihrem Audi A3?«

»Den bekam ich geliehen, weil mein Auto, Audi A3, einen Ölwechsel und einen neuen TÜV braucht. Also lieh ich mir diesen coolen Audi Q2 aus«, antwortete Frau P.

»WOW, eine Rückfahrkamera. So eine Rückfahrkamera will ich auch in meinem coolen Traumauto«,
sagte ich mit einem Lächeln.

Nach 7 Minuten und 3,9km kamen Frau P und ich
zu Hause an und die Stunde begann schon.

hNach 1 Stunde und 15 Minuten verabschiedete ich
mich und bedankte mich bei Frau P, dass sie mich
vom HBF abholte.

»Audi Q2, Strukturstau und eine ruhige Rettung: Wenn der Bus bummelt und Frau P glänzt«

Für manche Kinder ist es nur ein verspäteter Bus.
Für Maik ist es ein potenzieller Systemabsturz.
Denn: Dienstag = Frau P = heiliger Termin. Punkt.
Frau P, Maiks Autismus-Therapeutin, kommt jede Woche. Immer.
Und Maik liebt sie. Nicht so wie man einen Hundewelpen liebt, sondern wie man eine funktionierende Ampelanlage in der Innenstadt liebt: verlässlich, sicher, regelbasiert.
Also: Der Bus kommt zu spät.
Panikalarm? Früher vielleicht.
Doch heute? Maik ruft an. Keine Eskalation, kein Fluchen.
Nur eine ruhige, sachliche Anfrage: »Mama, wie komme ich jetzt nach Hause?«
Und Mama? Regelt.
Frau P düst an, aber nicht im gewohnten Audi A3.
Nein – Upgrade! Audi Q2, Rückfahrkamera inklusive.

Maik ist begeistert. Technik. Struktur. Rettung in Chrom und Lederoptik.

Die Stunde beginnt wie geplant – nur das Transportmittel war unerwartet. Und Maik? Der bleibt ruhig. Sucht die Lösung. Findet sie.

Fachlicher Blick

Verlässliche Bezugsperson als Sicherheitsanker: Frau P ist für Maik mehr als Therapeutin – sie ist ein Fixpunkt in seinem Wochenrhythmus. Studien (z. B. Mandy et al., 2012) betonen die Wichtigkeit stabiler, vorhersehbarer Beziehungen für autistische Kinder zur Förderung von Vertrauen und Lernbereitschaft.

Erlernte Krisenstrategie in Echtzeit: Statt in Panik zu geraten, greift Maik auf eine trainierte Handlungskette zurück: Wahrnehmen – Bewerten – Handeln. Das ist keine Selbstverständlichkeit, sondern das Ergebnis von jahrelanger Begleitung, Übung und Regulationstraining.

Technikbegeisterung als Selbstberuhigung: Maik lenkt sich durch Details zum Auto ab: Modell, Rückfahrkamera, Motorgeräusch – typisch für viele Autisten. Spezialinteressen dienen nicht nur zur Freude, sondern auch zur Reizfilterung und Beruhigung (Attwood, 2007).

Zeitstrukturierung trotz externer Störung: Die Stunde findet trotzdem statt – das Ritual bleibt. Das bewahrt nicht nur den Plan, sondern stärkt Maiks Vertrauen in flexible Stabilität.

Warum ist das so?
In Maiks Welt ist ein verlässlicher Ablauf kein Luxus, es ist ein Sicherheitsnetz.
Frühere Verspätungen hätten zu Ausrastern führen können: Unruhe, Überforderung, Zusammenbruch. Doch durch gezielte, liebevoll begleitete Therapie hat Maik gelernt: Man kann Systeme retten, auch wenn sie kurz wackeln. Dass er in dieser Situation nicht nur nicht durchdreht, sondern sogar noch die Rückfahrkamera begeistert kommentiert, zeigt:

Selbstregulation ist erlernbar. Wenn man das richtige Team hat.

Fazit

Dieses Kapitel ist mehr als eine Busgeschichte. Es ist ein Meilenstein.
Maik erkennt die Verspätung. Er bleibt ruhig, denkt lösungsorientiert, kooperiert und nimmt Hilfe an.
Und er freut sich über ein neues Auto. Das ist nicht klein. Das ist riesig. Denn für ein Kind mit Autismus ist ein flexibler Umgang mit plötzlichen Änderungen keine Selbstverständlichkeit. Es ist Champions-League-Niveau der Alltagsbewältigung.

Tipps für Eltern

1. Stabilität entsteht durch Vertrauen – nicht durch Perfektion: Fehler im System offen besprechbar machen. »Was wäre, wenn dein Bus mal nicht kommt?« = Übung statt Schock.

2. Rituale flexibel sichern: Plane Plan B gleich mit.

»Wenn der Bus nicht kommt, dann ...« Das beruhigt, bevor's brennt.

3. Hilfe holen, ist kein Versagen: Zeig deinem Kind, dass Unterstützung suchen Stärke ist. Lobe nicht das *Bravsein*, sondern das *Lösungsfinden*.

»Du hast super gehandelt!«, ist stärker als »Zum Glück warst du nicht wütend.«

4. Spezialinteressen als Coping-Strategie ernst nehmen: Maiks Freude am Audi Q2 war nicht nur Spaß. Es war ein Anker in der Veränderung.

Denn in einer Welt, die sich ständig ändert, ist es Gold wert, wenn ein Kind lernt, darin ruhig zu bleiben.

Und manchmal braucht's dazu einfach: Mama, Frau P und einen verdammt gutaussehenden Audi mit Rückfahrkamera.

Maik, Sonja und Thomas gucken Minecraft im Kino und zocken Minecraft

Vorwort 18

Hello, Leute.

Osterlich heiße ich euch Willkommen und alles Gute zu Ostern.

An diesem Tag waren wieder einmal meine leiblichen Eltern Sonja und Thomas zu Besuch. Diesmal war ich mit ihnen im Kino und guckte den neuen Minecraft-Film. Davor zockte ich mit Thomas noch *Minecraft* auf der *PS4*.

Holt schnell die Spitzhacke, die Nachos oder den Controller raus, denn wir graben uns in die Geschichte.

Euer Maik

A.K.A Maiki.

Figuren: Maik, Sonja, Thomas, Mama, Papa

Es war ein entspannter Samstag im April 2025, als Sonja und Thomas mit dem Opel Meriva zu uns nach Hause kamen.

»Hallo, Sandra! Hallo, Thorsten!«, begrüßten Sonja und Thomas meine Mama und meinen Papa. Als sie ankamen, gaben sie mir als Geschenk eine Minecraftbettwäsche mit einem Kissen, ein UNO-Kartenspiel, aber mit *Minecraft*-Kreaturen und Spielern drauf und 4 *Minecraft* Tütchen mit Figuren als Überraschungen da drin.

Die Figuren waren ein Ozelot, ein Diener, den man, wenn man ihn in Johnny umbenennt, alle Kreaturen und Spieler um sich herum tötet. Einen Alex und ein *Minecraft* Wolf, den man, wenn man ihm ein Knochen gibt, zähmen und als Haustier halten kann.

Nachdem ich meine Geschenke an mich nahm, fiel mir eine besondere Sache im Paluten-Shop auf: Es gibt Mini Mini Paluten Shoulder Plush; er ist genauso groß wie der normale Mini Mini Paluten mit Glücksbringerhoodie, nur er ist magnetisch.

Dann ging ich hoch auf mein Zimmer und startete meine PS4, um mit Thomas *Minecraft* zu zocken.

Meine coolste Minecraft-Welt ist die Stadt »Maikt-habrain« - da baue ich nämlich Straßen, Ampeln und Gebäude mit Mama.

Ein paar Minuten später hörten Thomas und ich auf, *Minecraft* zu spielen, und spielten stattdessen eine Runde Minecraft Uno.

Ein paar Minuten später machten Sonja, Thomas, Mama, Papa und ich uns fertig, denn im Kino läuft der Minecraftfilm. Ich fuhr mit Mama und Papa in unserem Auto, dem Volvo XC60 B4. Sonja und Thomas in ihrem eigenen Auto, dem Opel Meriva. Thomas ist witzig, weil er immer während der Autofahrt hinten sitzt, obwohl hinten alten Leuten schlecht und übel wird. Also in meinen Augen ist Thomas echt verrückt und witzig.

Als wir allerdings zum Kino wollten, mussten wir einen Umweg nehmen: Die Brücke war nämlich wegen einer Baustelle gesperrt. Als wir die Umleitung nahmen, rief uns mein Bruder Benjamin – ich nenne meinen Bruder immer Benny – aus der Wohngemeinschaft, kurz WG, an. Er berichtete uns etwas zu dem Tag, wo er zu uns zu Besuch kommt, um bei uns Urlaub zu machen. Er wird am Mittwoch

16.04 oder Donnerstag 17.04 kommen und bis Montag 21.04 bleiben. Denn am Sonntag, 20.04 ist Ostersonntag. Da werden wir Schokoladeneier und -hasen suchen. Und ich muss da meiner schon 1-jährigen Nichte Katelyn beim Suchen helfen.

7 Minuten und 3 km später, kamen wir am Parkhaus beim Kino an. Dort trennten wir uns: Sonja, Thomas und ich gingen nach links zum Kino und Mama und Papa nach rechts, um sich bei Extrablatt was zu essen zu bestellen.

Als Sonja, Thomas und ich ins Kino gingen, kaufte Sonja die Tickets für uns. »Guten Tag. Drei Karten für den Minecraftfilm bitte«, sagte Sonja zur Ticketverkäuferin. Als sie Karten gekauft hatte, fuhren Sonja, Thomas und ich mit dem Fahrstuhl – auch Lift genannt – nach oben.

Vorher fragte Sonja aber bei einer Frau vom Kino noch: »Entschuldigen Sie bitte. Ist der Minecraftfilm 3D? Weil Maik unter Epilepsie leidet und 3D nicht gut für seine Augen ist.«

»Nein, da kann ich Sie beruhigen. Der Film ist nicht in 3D«, sagte die Frau vom Kino.

»Hallo, einmal für Maik eine kleine Portion Nachos ohne Soße, kein Salsa und kein Käse und eine mittelgroße Cola. Dann für mich einmal ein Slushi gemischt, Blaubeere mit Waldmeister und Himbeere. Dazu einmal Popcorn groß mit Salz und eine normale Cola. Und für Thomas auch eine normale Cola und auch Popcorn groß mit Salz«, bestellte Sonja und wenige Minuten später waren unsere Getränke und Snacks für den Film fertig. Doch bevor wir in den Kinosaal fünf gingen, machte Sonja noch ein Foto von dem Minecraft Wolf Dennies und mir.

»Zu meinem Geburtstag wünsche ich mir von *CSYON* einen schwarzen Hoodie mit *CSYON 97* drauf. Ein *Radlfahrer-Hoodie* und eine Echo Show – das ist eine Echo, also Alexa, mit Bildschirm. Alles, was ich dann frage, wird mit Untertiteln angezeigt«, sagte ich zu Sonja.

Nach einer Stunde und 41 Minuten war der Film vorbei und wir gingen raus und gaben aber vorher noch die Mehrwegbecher vom Kino zurück - sortiert. Becher zu Becher, Deckel zu Deckel, Reste zu Reste und Halme zu Halme.

Als Sonja, Thomas und ich aus dem Kino rausgingen, gingen wir zu Mama und Papa, die bei Extrablatt gerade die Rechnung bezahlten. Nach dem Bezahlen gingen wir zusammen ins Parkhaus zu unseren Autos, den Volvo XC60 B4 von mir, Mama und Papa und dem Opel Meriva von Sonja und Thomas.

»Paluten, Popcorn & Parallelwelten – Maik im Kino mit Struktur und Softdrink«

Wenn man den Namen *Paluten* sagt, spitzt Maik die Ohren. Wenn man *Minecraft* ruft, steht er schon mit Controller bereit. Und wenn man beides zusammen ins Kino bringt – dann ist Maik nicht einfach Zuschauer.

Dann ist er Fan, Chronist und Markenbotschafter in einer Person. Seine Begeisterung beginnt lange vor dem Kinosaal: Zocken mit Thomas, Auspacken der Geschenke (Minecraft-UNO! Ozelot! Shoulder-Plush!), und natürlich das Highlight im Paluten-Shop.

Maik schreibt das alles mit einer Begeisterung auf, die man sonst nur in Pressemitteilungen großer Unternehmen findet. Man fragt sich fast: Wann schickt Paluten ihm endlich ein offizielles Werbepaket?

Maik hat sich jedenfalls mit diesem Kapitel für den Job als Chief Marketing Officer von Minecraft empfohlen. Unbezahlt, aber mit ganzem Herzen. Doch zwischen Plüschohren und Pixelabenteuern steckt mehr.

Maik verbringt Zeit mit Sonja und Thomas – seinen leiblichen Eltern. Es ist freundlich, höflich, strukturiert.

Aber ... auch ein wenig auf Abstand. Nach dem Film will er nicht noch etwas unternehmen. Kein Nachklang, kein Café, kein Ausklang.

»Das reicht mir«, sagt er nicht. Aber er handelt so.

Fachlicher Blick

Erlebnisverarbeitung durch Gegenstände: Maik beschreibt Geschenke in Detailfülle (Bettwäsche, UNO-Karten, Paluten-Figuren) – nicht die Umarmungen oder Gespräche. Für viele autistische Kinder sind Gegenstände Träger von Emotionen. Sie bieten Greifbarkeit, wo Gefühle diffus erscheinen.

Beziehungsdarstellung über Handlungen, nicht Gefühle: Der Kontakt zu Sonja und Thomas wird sachlich geschildert: Wer kam, was wurde geschenkt, was wurde gespielt. Nähe wird nicht gefühlt – sondern organisiert.

<u>Kontrollierte Begegnung statt Verschmelzung:</u> Maik genießt den Tag – aber er begrenzt ihn aktiv. Keine Anschlussaktivität. Kein offenes Ende.
Pflegekinder, insbesondere mit traumatischem Hintergrund oder Autismus-Spektrum, strukturieren emotionale Nähe oft in klaren Dosen.[15]

<u>Spezialinteresse als sozialer Puffer:</u> Minecraft und Paluten sind nicht nur ein Hobby – sie sind soziale Brücken.
Sie bieten Gesprächsstoff, Gemeinsamkeit, Fokus – ohne emotionale Überforderung.

Warum ist das so?
Maik ist ein Kind, das viele Welten kennt: Die Pflegefamilie (seine echte Basis), die leiblichen Eltern (ein strukturierter Besuchsort), seine eigene Minecraft-Welt (mit Ampeln, Regeln, Straßenverordnung).

---

[15]   vgl. Fegert et al., 2014

Inmitten dieser Systeme sucht er Ordnung. Und was gibt mehr Ordnung als ein klar geplanter Kinobesuch, eine Merch-Verpackung mit eindeutigem Inhalt und ein Held, der sich auf YouTube nie spontan umarmt?

Die Distanz zu Sonja und Thomas ist kein Bruch – es ist eine vorsichtige Abgrenzung. Kein Drama. Kein Streit. Aber auch kein Wunsch nach Verlängerung.

Das ist bei Pflegekindern kein seltenes Phänomen. Gerade in der Adoleszenz beginnt die innere Sortierung: Wer ist Bindung, wer ist Geschichte? Maik hat gelernt, dies sanft und respektvoll zu steuern.

Fazit

Dieses Kapitel zeigt zwei Dinge gleichzeitig:

1. Wie kraftvoll Spezialinteressen wie Minecraft für autistische Kinder sein können – als Werkzeug zur Regulation, zur Freude, zur Verbindung.

2. Wie feinfühlig Pflegekinder mit Loyalitäten umgehen, ohne laut zu werden, ohne zu verletzen – aber mit klaren Signalen.

Maik bewegt sich durch diese Konstellation wie ein Architekt durch ein selbst gebautes Labyrinth.
Nicht aus Angst. Sondern aus dem Wunsch, Ordnung in Beziehung zu bringen.

Tipps für Eltern

1. Lies zwischen den Zeilen – und achte auf die Pausen: Beziehung zeigt sich auch durch Begrenzung: Wenn ein Kind nach einem Treffen nicht weitermachen möchte, ist das keine Ablehnung – sondern ein Schutzmechanismus.

2. Spezialinteressen sind sozialer Kitt – nicht Flucht: Minecraft, Pokémon, Paluten sind nicht nur Hobbys. Sie sind sozialverträgliche Ausdrucksformen von Identität.

3. Pflegekinder brauchen Erlaubnis zur Distanz: Zeig ihnen, dass sie niemandem »etwas schuldig« sind. Bindung ist kein Stundenplan – sie entsteht aus Sicherheit.

Und wer weiß: Vielleicht schreibt Paluten wirklich mal zurück. Oder schickt ein Autogramm. Schließlich hat Maik mehr Werbung gemacht als so mancher Influencer.

Und vielleicht kommt bald die »Maikthabrain-Edition« in Minecraft. Mit Ampelschaltung, Kuschelkaktus und einer eigenen Figur: »Maik – der Strukturheld mit Herz und Humor.«

Zwischen Diagnosen, Alltag und Cola – was ich euch wirklich mitgeben will

Wenn man ein Kind im Autismus-Spektrum begleitet – sei es als Mutter, Pflegemutter, Erzieherin oder einfach als Mensch mit Herz – dann gibt es keinen Fahrplan. Es gibt auch keine App, kein Allheilmittel, keinen Drei-Schritte-Plan mit Erfolgsgarantie.

Was es gibt, sind Erfahrungen. Beobachtungen. Rückschläge. Erfolge. Und ganz, ganz viele kleine Aha-Momente.

Dieses Buch – und die begleitenden Kapitel zu »Maiks Abenteuerbuch« – ist kein Lehrbuch. Es ist auch kein Ratgeber im klassischen Sinne. Es ist ein Erfahrungsbericht mit Fachbezug. Und genau deshalb möchte ich zum Abschluss etwas sagen, was mir, besonders wichtig ist.

Verlasst euch nicht blind auf Diagnosen.

Ja, Diagnosen sind wichtig!
Sie helfen, Dinge zu benennen, Hilfen zu beantragen, Verständnis zu schaffen. Aber sie sind kein fertiges Bild, sondern eher ein Rahmen, in dem ihr das Bild gemeinsam mit eurem Kind erst malen müsst.
Googelt nicht, was ein Kind »bei Autismus können müsste« – das bringt euch nicht weiter. Fragt euch lieber: Was braucht *mein* Kind – heute, in dieser Situation? Denn kein Kind im Spektrum ist wie das andere.

Fördern heißt nicht Überfordern.

Fördern bedeutet nicht: »Ich muss ihn pushen, bis er alles kann, was in der Entwicklungsbroschüre steht.«
Fördern heißt: Kleine Schritte gehen, immer am Kind entlang. Und manchmal eben auch einfach mal stehen bleiben, Luft holen und sagen: Okay, das ist jetzt schwer, wir warten, bis es besser passt.

Beispiel? Gerne.

Als Maik fünf Tage auf Klassenfahrt ging – eine unglaubliche Leistung für ihn – hat er alles gegeben. Und als dann ein kleines Ding passierte (Mentos-Verdächtigung), hat es ihn innerlich gekippt. Was hat geholfen? Keine Superstrategie. Kein Therapieprotokoll.
Eine Dusche. Und Ruhe. Und das Wissen: Ich darf jetzt einfach wieder ich sein.

Vorbereitung ist kein Kontrollzwang – sondern ein Geschenk

Ich bin ein Fan davon, Kinder gut vorzubereiten. Nicht, weil ich überkontrolliert bin (naja… manchmal vielleicht ein bisschen), sondern weil ich gelernt habe: Wer vorbereitet ist, fällt sanfter, wenn's wackelt.

Als unsere Tochter ins Internat wechselte, war das ein großes Thema – für sie, für uns, und natürlich für Maik.

Also? Ich habe ein Buch gemacht. Ein ganz persönliches, erklärendes, begleitendes Buch. Wir haben es gelesen, durchgesprochen, durchgekaut. Und als der Tag kam, war Maik nicht panisch, nicht traurig, sondern bereit.

Aber: Vorbereitung in Balance.

Nicht alles kann man planen. Und das ist auch gut so. Denn Kinder – ob im Spektrum oder nicht – müssen auch lernen, mit Unvorhergesehenem umzugehen.

Aber bitte in kleinen Dosen. Und auch nur dann, wenn danach auch genug Zeit da ist, um mit den Folgen klarzukommen – zum Beispiel einem Meltdown.

Und hier kommt mein ehrlicher Fehler:

Wir saßen im Auto – mein Mann, Maik und ich. Wir kamen gerade aus dem Gottesdienst in unserer Gemeinde. Maik war in guter Stimmung, und wir beschlossen: Lass uns zu KFC fahren.

Maik war einverstanden. Sein System stellte sich darauf ein. Und dann, kurz vor dem Ziel, sahen mein Mann und ich ein amerikanisches Diner mit einem Roboter, der Getränke bringt. Super Idee, oder? Dachten wir. Und entschieden spontan: »Ach komm, lass uns da reingehen!«

Wir parkten, wollten aussteigen – und dann sahen wir Maik hinten auf der Rückbank. Tränen. Komplettes Entsetzen. Er stieg nicht aus. Konnte nicht.

Und warum?

Weil wir spontan waren.

Spontanität ist bei Kindern im Autismus-Spektrum kein Abenteuer, sondern ein Systemfehler. Maik war innerlich auf KFC eingestellt. Auf das Menü. Auf das Ambiente. Auf die Erwartung. Alles war vorbereitet. Und wir haben ihm ohne Vorwarnung den Boden unter den Füßen weggezogen.

Fachlich gesehen sprechen wir hier von einem Bruch der Vorhersagbarkeit – einem zentralen Sicherheitsanker bei Autismus. Unerwartete Änderungen können das sogenannte *exekutive System* überfordern, das für Planung, Anpassung und Umstrukturierung zuständig ist.

Ergebnis: Kontrollverlust. Tränen. Shutdown.

Rat mal, wo wir am Ende gegessen haben?

Genau. Bei KFC. Und das völlig zurecht.

Analysiert. Nicht anklagen.

Wenn etwas schiefläuft – ein Streit, ein Zusammenbruch, ein Rückzug – dann hilft kein »Warum macht er das immer?!« Besser ist: Zurücktreten. Luft holen. Und analysieren.
Was ist passiert? Was kam vorher? Gab es einen Auslöser? Wie lief der Tag? Wer hat wann was gesagt? Wie war die Reizlage?

Ich empfehle euch: Führt ein **Analysebuch**. Klingt nach Arbeit – ist es auch. Aber es ist Gold wert.
Denn wenn man Muster erkennt, kann man Wege finden. Und plötzlich ist man nicht mehr ohnmächtig, sondern handlungsfähig.

Und das gilt nicht nur für Autisten – sondern auch für Pflegekinder.
Viele der Dinge, die wir hier beschreiben – Struktur, Sicherheit, Vorbereitung, ruhiger Rückzug –

sind auch essenziell für Pflegekinder. Denn diese Kinder bringen einen Rucksack mit – nicht sichtbar, aber schwer. Sie brauchen Stabilität. Vorhersehbarkeit. Bindung, die nicht drückt-aber-hält.

Die Methoden sind oft die gleichen – ob bei Trauma oder Autismus: Struktur statt Chaos, Rituale statt Spontanakrobatik, Vorhersehbarkeit statt Überraschungsparty. Und eine Menge Verständnis für leise Reaktionen auf laute Gefühle.

Schlussendlich denke immer daran: Du musst keine perfekte Mutter sein. Kein Supervater. Keine Expertin mit vier Fortbildungen. Aber du solltest Beobachter sein.
Lern dein Kind kennen. Nicht nur das Etikett, das man ihm gegeben hat, sondern das Wesen, das dahintersteht.

Und dann? Bereite vor, aber nicht alles. Unterstütze, aber zwing nicht. Bleib da, wenn's laut wird. Und schätze auch das Kind, das sagt: »Ich spiel

heute nicht mehr Bowling. Ich brauch Ruhe.« Denn
das ist Stärke. Keine Schwäche.

Und wenn gar nichts mehr geht – ja, dann gönnt
euch ne Cola. Und fangt morgen von vorn an.

Danke und Tschüss

Tja, Leute.

Das wars mit meinem abenteuerhaften, spannen-
den Abenteuerbuch. Ich hoffe, ihr konntet euch
richtig in mein schönes Abenteuerbuch reinlesen.

Euer Maik

A.K.A Maiki.

Quellenverzeichnis

Stand: Mai 2025

Attwood, Tony (2019): Das Asperger-Syndrom. Ein Ratgeber für Eltern, Lehrer und Betroffene. TRIAS Verlag.

Preißmann, Christine (2020): Menschen im Autismusspektrum. Lebenswege und Erkenntnisse aus der Praxis. Kohlhammer Verlag.

Vermeulen, Peter (2015): Ich bin speziell – und das ist gut so! Autismus verstehen und positiv begegnen. Hogrefe Verlag.

Hull, Laura et al. (2017): ‚Putting on My Best Normal': Social Camouflaging in Adults with Autism Spectrum Conditions. In: Journal of Autism and Developmental Disorders 47(8), 2519–2534.

Mundel, Petra (2021): Autismus und Reizverarbeitung. In: Frühförderung interdisziplinär 40(1), 33–37.

Grandin, Temple (2013): Durch die gläserne Tür. Mein Leben mit Autismus. ProTalk Verlag.

TEACCH-Ansatz: University of North Carolina, Chapel Hill. Offizielle Informationen: https://teacch.com (Zugriff zuletzt: Mai 2025).

Mottron, Laurent et al. (2015): The Power of Autism. In: Nature, 479(7371), 33–35.

Autismus Deutschland e.V.: https://www.autismus.de (Zugriff zuletzt: Mai 2025).

Eigene Erfahrungen der Autorin aus über 14 Jahren Alltag mit autistischen und traumatisierten Pflegekindern, kombiniert mit Fachpraxis als Erziehungsberaterin.

Danke

An Fiona Staal, die uns mit Rat und Tat beim Thema Buchveröffentlichung begleitet hat, als Lektorin mitgeschliffen hat und mich immer wieder ermutigt hat, dranzubleiben. Ich freue mich schon sehr auf DEINEN neuen Roman „Hoch steigen" – ich bin sicher er wird fantastisch.

An meinen Mann, der jede noch so verrückte Idee von mir mitträgt, mich unterstützt und mir immer wieder das nötige Selbstvertrauen schenkt, wenn ich es selbst gerade nicht finde.

Und mein innigster Dank gilt:
Gott, der uns diesen wunderbaren Jungen anvertraut hat. Der uns Kraft gibt, Wege zeigt, Türen öffnet – und uns nie mehr zumutet als wir tragen können